ON
EDUCATION

英国教育家
赫伯特·斯宾塞谈教育

［英］赫伯特·斯宾塞 —— 著

孔　谧——译

教育论

辽宁人民出版社

图书在版编目（CIP）数据

教育论：英国教育家赫伯特·斯宾塞谈教育 /（英）赫伯特·斯宾塞著；孔谧译. —沈阳：辽宁人民出版社，2025.1

（外国名家谈教育）

ISBN 978-7-205-10834-2

Ⅰ. ①教… Ⅱ. ①赫… ②孔… Ⅲ. ①斯宾塞（Spencer, Herbert 1820–1903）—教育思想 Ⅳ. ①G40–095.61

中国国家版本馆 CIP 数据核字（2023）第 156862 号

策划人：孔宁

出版发行 辽宁人民出版社

地址：沈阳市和平区十一纬路 25 号　邮编：110003

电话：024-23284321（邮　购）　024-23284324（发行部）

传真：024-23284191（发行部）　024-23284304（办公室）

http://www.lnpph.com.cn

印　　刷：辽宁新华印务有限公司

幅面尺寸：145mm×210mm

印　　张：5.375

字　　数：130千字

出版时间：2025 年 1 月第 1 版

印刷时间：2025 年 1 月第 1 次印刷

责任编辑：阎伟萍　孙　雯

装帧设计：留白文化

责任校对：刘再升

书　　号：ISBN 978-7-205-10834-2

定　　价：58.00元

导　言

赫伯特·斯宾塞（Herbert Spencer，1820—1903），英国著名的哲学家、教育学家、社会学家、心理学家，进化论和社会有机体论的早期倡导者，英国实证主义的代表人物之一，曾被誉为英国的亚里士多德。

◎赫伯特·斯宾塞

　　1820年4月27日，斯宾塞出生于英国德比郡的一个教师家庭，他的父亲格鲁吉亚·斯宾塞是一位教育家，鼓励年幼的他去学习。年纪很小的时候，他经常接触学术课本及他父亲的期刊，并产生了浓厚的兴趣。13岁时，他被父亲送到巴斯附近的小镇——辛顿查特修。在那里他叔父可以为他提供正规的教育。最初他因为觉得很闷，对拉丁语及希腊语的学习十分抗拒。后来，他从叔父身上学会并发展了自己早期的政治及经济理念，以此来回应叔父的激进改革观点。1836年，叔父为他找到一份铁路的土木工程师的工作。斯宾塞在工作中的体验，让他停止了对行业的追求，反而认为上司让工人过于劳累了。从这个时刻开始，他下定决心通过撰写文章表达自己的理念。在他 22 岁之后的数年间，他经常拜访叔父，并将一些和政治有关的信件发给《非规范人》等一些激进的报纸发表。这是他首次撰写社会政治方面的稿件，并开始参与传媒。后来这些稿件被汇编为一部著作：《政府的适当权力范围》。

斯宾塞的这些早期著作表达了自由主义者对工人权益及政府责任的观点。1851 年，他的这些观点在他的著作《社会静态学》中变得愈发成熟。在书中，他强调个体力量对于社会的重要性，但是却遭到社会无可置疑的践踏。不过这里面遗漏了他早期著作表现的对工人阶级的同情心。这是斯宾塞确立文明论点的开端，并非人类的人为建造方式，而是自然界中人类的自然有机产物。他曾经供职于伦敦财政报《经济学人》，做了 5 年的编辑，直到 1853 年离开报社开始投入专业的写作。此后的数年里，他的著作涵盖了多个行业的课题，包括教育、科学、铁路工业、人口爆炸及大量哲学和社会学的课题。此后他先后出版了《心理学远离》《第一项原则》《综合哲学》等多部代表作，最后一部著作让他得以完成自己构想的体系搭建，也让他成为英国实证主义哲学的集大成者，成了第一代实证主义哲学流派中最杰出的也是最后一位代表人物。斯宾塞获得了"维多利亚时代英国的亚里士多德"的美誉。斯宾塞也因此先后获得了剑桥大学、爱丁堡大学、布达佩斯大学、波伦亚大学和圣安德鲁大学等多所著名大学的博士学位，并被罗马科学院、巴黎科学院等近十个科学院聘任为国外院士或通讯院

士。1902 年，斯宾塞获得诺贝尔文学奖提名。1903 年 12 月 8
日，斯宾塞于苏塞克斯郡逝世，享年 83 岁。

斯宾塞在教育理论方面取得了不小的成就，他的教育思想
主要在其著作《教育论》中体现出来。《教育论》一书是斯宾
塞早年发表的四篇教育论文《智育》《德育》《体育》和《什么
知识最有价值》的结集，此书曾对世界近代教育产生了较大的
影响。

（一）什么知识最有价值

首先，斯宾塞提出了"什么知识最有价值"，这揭示了教
育的目的问题。斯宾塞认为，教育的目的就是"为完满的生活
作准备"。教会人们怎样生活就是教育的主要任务。在教育内
容的方面，斯宾塞认为科学知识最有价值，因此，学校教育中
课程也应该以各门科学作为主要的内容。

（二）智育

斯宾塞在《智育》这篇中，揭示了幼儿的心智发展规
律，以及相对应的教学方法和原则。他对儿童的心智能力的发
展历程进行分析，指出是从相同到不相同；从不准确到准确；
从具体到抽象。所以，教学的过程应当遵循归纳的法则要求；
坚持自动的原则；以及一定要贯彻兴趣性原则。

（三）德育

至于德育方面，斯宾塞反对"人为惩罚"，主张"自然惩

罚"，他主张教育"应该是养成一个能够自治的人，而非一个要让其他人来管理的人"。

（四）体育

斯宾塞是从"物竞天择，适者生存"的生物进化论思想出发，来对体育的重要性进行论证的。对儿童进行体育的总的原则和要求，应该包含两个方面，一方面，要与体育生理学的科学原理相符，另一方面，要让体育可以遵循自然的指导。

《教育论》内容广泛，涉及德、智、体等多个方面，并就教育的目的、内容、原则和方法等议题，提出了颇为独到的见解，不仅与时代的要求相适应，而且具有极为重要的现实意义。

本书从《教育论》的四篇中选译了与当代社会联系较为紧密的《什么知识最有价值》和《体育》两篇，又选译了斯宾塞另外七篇和教育有关的、具有一定代表性的论文，可以令读者较为全面地了解这位先贤的教育思想。

目录
Contents

第一章

什么知识最有价值？

　　如果从时间的先后顺序来看，可以说人类是先有的装饰，后有的衣服。一些可以忍受身体上的巨大痛苦去文身的人，都能够经得住高温而很少设法去减轻这种痛苦。洪波尔特说过，一个奥里诺科印第安人虽然根本不考虑身体是否舒适，但是还要付出两星期的劳动成果，去买涂身炫美的颜料；一个妇人可以一丝不挂、毫不迟疑地从自己的小屋走出去，但是她不敢不涂抹颜色出来见人，这是违反礼俗的。航海家看到过，在那些未开化的部落里面，彩色珠饰的地位要比花布或绒面呢高得多。我们曾经记载下这样的轶事：送给这些人衬衫和外衣，却被他们当作荒谬可笑的炫耀，这就说明装饰的念头是如何彻底支配了实用的念头的。不但这样，还有更极端的例证：请看斯皮克船长是怎样讲他的那些非洲仆人的：在天晴的时候，他们穿着羊皮斗篷昂首阔步，但是却在下雨的时候，将斗篷脱了下来叠好，然后自己光着身子在雨中冻得瑟瑟发抖。土人生活的实况的确说明衣服发源于装饰。当我们这样想：就是在我们中间，大部分人对衣料是否华美的考虑，要远多于它是否温暖，对剪裁式样是否好看的考虑，要远多于穿着是否方便——当我们看到效用仍然大部分都从属于外观这个事实，我们就对推断出这样一个起源更有信心了。

　　有一点很奇怪，那就是在心智方面也有一样的情况。我们在心智方面和身体方面都是对装饰的追求大于实用。不光是在过去，在我们现代也差不多是这样的：放在第一位的总是那些受人称赞的知识，而那些增进个人福利的知识通常都被放在了第二位。希腊的学校主要科目是音乐、诗歌、修辞，还有在苏格拉底任教以前几乎和行动没有联系的哲学；而有助于提高生活技艺的知识只占比较次要的地位。在我们现在的大学和普通学校里，也有类似的本末倒置的情况。一个男孩，他这一辈子，十之八九的时间都不会用到拉丁文或希腊文，这是大家都熟悉的事实。我们总说无论是他的店铺和办公室里，或者是在管理家产或家务时，在从事铁路或银行的工作时，他费了那么多年学来的知识，几乎都帮不上他什么忙，甚至其中大部分他都已经忘记了；而如果他偶尔提及某段希腊神话，或者冒出一句拉丁文，也多半是为了表现自己，而不是为了说明当前的问题。假如有人问我们，对男孩子进行古典教育，真正的动机到底是什么，那么回答只能是为了顺从社会舆论。和装饰儿童的身体一样，人们也随着风尚，对儿童的心智进行着装饰。这就和奥里诺科印第安人出门前涂抹颜色，并非为了获得任何直接的好处，而是因为不这样他就羞于见人，一个男孩一定要硬背拉丁文和希腊文，也并非这些语言具有什么内在的价值，而是免得让他因为对这些一窍不通而丢脸，是为了让他接受所谓的

"绅士教育"，这是某种社会地位的标志，还能因此获得他人的尊敬。

在女性那边，这个情况表现得更加明显。在对待身心两个方面，装饰因素会继续占有优势，而且在妇女那里比男子更厉害。本来是不管男女，都很注重个人装饰。但是在文明的近代，我们可以看到，在衣着上，男士对舒适的考虑要多于外表，同时在他们的教育中，实用的部分也在逐渐取代装饰的部分。至于妇女，她们在这两方面的改变都没有男士们大。花样繁多的发饰；佩戴的戒指、耳环、手镯；还总能看到的涂脂抹粉；千方百计地让自己的服饰引人注目；以及为了追求时尚，宁可忍受非常大的不舒适：这些都可以表明，妇女在衣着上获得赞许的愿望，远远地高于求得温暖和方便的愿望。在她们的教育方面也是同样的情况，大多数的"才艺"在这里都证明虚饰重于实用。唱歌、弹琴、舞蹈、绘画、文雅的举止：这些占了多大的比重！如果你问学意大利文和德文的原因，你就会知道，隐藏在所有借口之下的才是真正的原因：会这些语言，才比较像一个贵妇人。学习这个并不是想要去读那些用这个文字写的书，因为她们几乎都不读书，而是为了能够唱意大利文和德文的歌曲，这样就会因为多才多艺而被啧啧称赞。将一些君王的生卒年月、婚姻和别的一些琐事轶闻记住，也不是因为知道了这些能够获得什么直接的好处，而是因为在社会上看来，这些属于良好教育的一部分，如果不知道这些知识，就会被人看不起。当我们列出了写字、拼法、语法、阅读、算术和缝纫，就差不多将从生活实用上教给女孩子的所有东西都列出来了；其中有些还是为了获得好评的多，为了个人直接福利的很少。

为了充分认清在心智方面和在身体方面装饰都比实用优先这一事实，了解一下它其中的道理是非常有必要的。它的道理就是，事实上，从远古一直到如今，社会需要压倒了个人需要，而主要的社会需要，就是约束个人。并不是像我们通常想象的那样，除了君主、议会和法定权力的管理机构以外，就再没有别的管理机构了。还有一些未被公认的管理机构作为这些公认的管理机构的补充，它们在各方面形成起来，而每个男女都在那里争取为王为后，或者其他较高的尊位。出人头地，受人尊敬，并且逢迎上级，人们全力以赴地参与到这场普遍的竞争当中。装模作样，矜财恃富，衣着华丽，炫耀才华，所有的人都想支配别人：这样就形成了一个复杂的节制网，维持社会的秩序。用可怕的战争优势和腰带上的敌人头皮来吓唬他的部下的，并不只是那些野蛮的酋长；用盛装、风度和多才多艺来"征服别人"的，也不只是那些美女；学者、历史家、哲学家也用非凡的造诣来实现同样的目的。

我们任何一个人都不满足于在各方面让我们的个性安静地获得充分的发展，而是焦急地渴望我们的个性可以深深地打动别人，并且在一定的程度上支配着他们。决定我们教育性质的就是这个东西。我们所考虑的，并非什么样的知识才具有真正的价值，而是怎样才能博得最多的称赞、尊敬和荣誉，怎样做才能获得社会地位和影响，怎样的表现才是最神气的。既然在全部的生活中，问题的关键并不是我们怎样做，而是人家怎样看我们，因此在教育中，问题通常也就出在知识对别人的外部影响，而非内在价值。这个既成了我们的主导思想，我们对直接用途的考虑实在不比野蛮人在琢磨牙齿和涂指甲时所考虑的多多少。

如果还需要进一步的证据来对我们教育的粗糙和幼稚进行说明，我们从基本没有讨论各种知识的比较价值这一件事上就能够看出来，更不用说讨论是没按步骤进行也没取得确定结果了。不只是没有取得一致的比较价值的标准，事实是任何这样一个标准是否存在，都没有弄清楚；而不只是没有弄清楚是否存在这样的标准，人们似乎都没有感觉到需要它。人们看这个主题的书籍，听那个主题的演讲，准备教给他们的子女这些部分而不是那些部分的知识；所有这些，其实都是从习俗、爱好或偏见出发；从来没有考虑过用某些合理方法来决定哪些东西才是真正值得学的，这才是至关重要的。在各种社团中，也的确有人偶尔提起某类知识的重要性。不过那个重要程度是不是值得在它上面花费如此多的时间，这个时间是不是能够更好地利用在更加重要的事物上；如果真的提出了这些问题，那么还是会从个人成见出发，非常草率地就给解决了。的确，总有人重新提出一些长期争论的问题，比如古典学科和数学哪门比较有价值。然而大家进行争论时，只是凭借自己的经验，而不是依据一个已经发现的标准；而且如果和包括它的整个问题相比，争论的焦点并不是重要的。如果设想从判断数学教育和古典教育哪个更好，就可以决定合理的课程，那就和设想找出面包是否比马铃薯养分多就是营养学的全部差不多！

　　我们觉得最重要的问题并不在于某个知识是否有价值，而在于它的价值。人们总觉得只要提出某门科目给了他们某些益处就可以了，而完全忽略了还应该判断那些益处是不是充分。人们注意到的科目，可能没有一门是任何价值都不具备的。花一年的时间，埋头研究宗谱纹章学，没准就对古代习俗和道德有了一定的了解。不管是谁，只要记熟了英格兰每个城镇之间的距离，也可能在一生中安排某一次旅行时，发现那一千条材料中有那么一两条可以发挥一点用处。收集一个郡的街谈巷议好像没什么用，但是有时也可以为佐证一些有用的事实提供帮助，比方提供一个遗传性传递的例子。不过在这样的情况下，任何一个人都得承认，需要付出的劳动和可以获得的利益之间完全不成比例。不会有人允许别人建议一个男孩子花几年的时间来获得这些知识，而让他可能得到的、更有价值的知识受到牺牲。如果这里的结论可以通过衡量相对价值来得出，那么就应该在每个地方都应用这个标准。如果我们有掌握所有科目的时间，那也就没必要斤斤计较了。这里引用一首旧歌：

> 如果人能稳有把握，
> 他的岁月将会延长，
> 就像古人千年长寿，
> 他能通晓多少事物！
> 他能成就多少事业！
> 淡定自若气定神闲。

"可是我们人寿几何"，一定要牢记，我们学习的时间是有限的。时间有限，不只是因为人生是短促的，更是因为人事纷繁。我们应该力求将我们的一切时间，都花在做最有益的事情上。在花了很多年月的时间学习那些趋时尚、凭爱好的科目之前，比较审慎地对结果的价值进行一下衡量，再比较一下，如果将这些年月用在别的方面会有哪些不同的结果，会产生什么样的价值，必然是件理智的事。

因此，这是所有教育问题中的关键问题，现在是我们按步骤进行讨论的时候了。虽然最后才能考虑到，但在不同的科目都引起了我们注意的时候如何进行判断，是非常重要的问题。在可以制定一个合理课程之前，我们一定要确定最需要知道些什么东西：或者引用一下培根那句不幸现在已经过时的话说，我们一定要将各项知识的比较价值弄清楚。

要想实现这个目的，首先要有一个衡量价值的尺度。幸好价值的真正尺度，按照通常的说法，是不会产生争论的。任何一个人在举出任何一种知识的价值时，常常指出它和生活某些部分的关系。在对"那有什么用？"这个问题进行回答时，数学家、语言学家、博物学家或哲学家都会说明他那门学问如何对行为产生积极的影响，如何能够避凶得吉，如何才能获得幸福。语文教员指出写作对事业的成功（即对谋生、对美满的生活）的帮助有多大，他就进行了充分的说明。而一个收集古董的人（比如钱币学家）没能够将这些事实对人类幸福究竟有什么看得出的影响说清楚，他就只能承认那是一点儿价值都没有。任何人都是直接或间接用这个来作最后检验的。

如何生活？这个是我们的主要问题。不单纯是从物质的意义上，而是从最广泛的意义上来看，如何生活。概括一切特殊问题的普遍问题，是在各方面、各种情况下正确地对行为进行指导，让其合乎准则。如何对待身体，如何培养心智，如何处理我们的事务，如何带好儿女，如何做一个公民，如何利用自然界所供给的资源，让人类更加幸福，总而言之，如何运用我们的所有能力使其对己对人，都是最为有益的，如何去圆满地生活？这个既是我们需要学习的重点，也是教育中应当教的重点。为我们的圆满生活作准备是教育应该尽的职责；而对一门教学科目进行评判唯一合理的办法，就是看它尽这个职责尽到了什么样的程度。

这种检验过去从来没有全部运用过，连部分运用都非常少见，而且还都是模糊地半意识地运用的；现在应该在所有情况下，有意识地、按步骤地进行运用。我们可以将完满的生活作为要实现的目的摆在我们面前，并看清楚它的责任，这对我们在培养儿童时审慎地根据这个目的来选择施教的科目和方法是有帮助的。我们非但不应该不假思索地就赶教育上的时髦，那些没有什么依据比别的时髦的东西；和那些多少关心子女心智培养的、较有才智的人们所表现的粗枝大叶的、单凭经验的评判方式相比，我们的评判方式还需要再继续提高。只是去揣度某种知识在将来生活中是否会有用，或者这种知识和那种知识相比实际价值更低；我们一定要找到估计它们各自价值的方法，让我们尽可能地明确哪些才是最应该得到我们关注的。

无疑，这个任务非常艰巨，或许永远也只能得到一个大概的成就。然而，如果考虑到这里面重大的利害关系，就不能因为任务艰巨而表现怯懦，将它放了过去，而是应当因此竭尽全力，将其掌握。我们只要系统地进行，很快就可能获得比较重大的结果。

显然，我们的第一步应该是按照重要的程度，对人类生活的几种主要活动进行分类。它们可以自然地分成以下的几类：1. 对自我保全直接有帮助的活动；2. 从获得生活必需品而对自我保全间接地有帮助的活动；3. 为了抚养和教育子女的活动；4. 和维持正常的社会和政治关系相关的活动；5. 在生活中的闲暇时间当中，各种用来满足感情和爱好的活动。

我们不需要多少思索，就可以看出来这个次序是多少符合它们的真实主从关系的。显而易见，经常保证我们个人安全的行动和预防措施一定要列在首位。如果有人一点儿都不懂四周的事物和运动，也不知道在它们当中应该怎么办，就像一个婴儿一样；就算他在别的方面可能拥有很大的学问，但是他一走上街，必然会丧命。既然在所有别的方面一无所知，不至于像在这方面的一无所知会马上影响生命，那就一定要承认，和自我保全直接关系的知识是头等重要的。

比直接的自我保全次一级的，就是取得生活手段的、间接的自我保全，没有人会怀疑这一点。考虑一个人的生产的职责，一定要先于做父母的职责，因为通常说来，做父母的职责，只有在生产的职责完成以后才有可能。既然一定要在具备养活子女的能力之前具备养活自己的能力，因此和家庭幸福所需要的知识相比，养活自己所需要的知识是更为迫切的，而在价值上，是仅比直接保全自己所需要的知识低的。

因为家庭在时间上要比国家早，因为不管在国家存在之前，还是在国家消灭以后，养育子女都是有可能的，而且，国家只是在人们养育了子女之后才可能有的，因此父母的职责比公民的职责要更密切地注意。或者我们再进一步地说，因为社会要想有良好的秩序，最终还得依靠它的公民拥有良好的品质，而早年训练又是容易改变公民品质的手段，因此我们得出这样一个必然的结论，家庭福利是社会福利的基础。因此，和前者直接有关的知识，一定要放在和后者直接有关的知识前面。

在比较严肃的活动之外的余暇时间，用不一样形式的娱乐活动（包括欣赏诗歌、音乐、绘画等）作为消遣，显然要有一个前提，那就是一个早已存在的社会。不仅是因为如果没有长期存在的社会组合，它们就无从获得相当的发展，就是它们所表现的内容，本身大多也是社会情操和同情。社会所提供的不只是它们成长的条件，还有表达的思想和感情。因此，和培养各种艺术爱好的这部分人类行为相比，做良好公民的那部分更加重要，而在教育中，为前者做的准备一定要放在为后者做的准备的前边。

我们重申一次，这个次序基本上是十分合理的：准备和自我保全直接相关的教育，准备和自我保全间接相关的教育，准备做父母所需要的知识的教育，准备做公民所需要的知识的教育，准备生活中各项文化活动所需要的知识的教育。我们的意思并非说这些范围都可以进行准确的划分。我们也不否认，它们之间的联系错综复杂，以至对其中任何一方面的训练，都在某种程度上也是对其他一切的训练。我们也没有怀疑，任何一个范围都有些部分的重要程度要高于前一范围的某些部分；比方一个只擅长经商的人，从完满生活的标准来说，可能要比一个不太擅长赚钱、但是擅长教子的人差得多；或者一个关于正确的社会行为拥有充分的知识，但是对一般的文艺修养是完全缺乏的，就不如在一方面比较正常，而其他方面也大概知道一些。不过，在补充说明了这些后，这些大致的范围还是存在的；而且这些范围也基本是按照上面说的次序分出了主次，因为在生活中相应的那些范围是有了一个才会有另一个，而这里面的次序正与此完全相符。

在所有这些范围中有完全的准备，这就是教育的理想。但是在这个理想还达不到的时候，而且在我们目前这个文化阶段，每个人都很难实现理想，那么目标就应该是在每个范围的准备程度之间维持一个合适的比例。不是在每个方面都要有很深的造诣，尽管那是一个头等重要的方面；也不是只关注其中最重要的两个、三个或者四个方面，而是给予所有的方面关注：给予价值最大的最多的关注，价值小些的，关注得就少些，价值最小的，就给予最少的关注。对于一个普通人而言（不要忘了有这样的情况，有些人是特别擅长学习某方面的知识的，很可能就正好将其作为谋生的职业）——我们说的是对于一个普通人而言所需要的，是在对实现完满生活最有帮助的那些事情上获得最好的训练结果，而在那些离完满生活越来越远的事情上，训练得越来越差。

照这个标准来对教育进行安排，我们应该经常思考某些一般的问题。从对实现完满的生活有帮助的角度来看，任何一种培养的价值可以是必然的，同时也可以是多少有条件的。有的知识的价值是内在的，有的是半内在的，还有的是习俗上的。

像在麻痹前一般会有麻木和刺痛的感觉，在水中运动的物体受到的水的阻力是和运动速度的平方成正比的，氯是一种消毒剂，这些还有一般的科学真理都是具有内在价值的：在一万年以后，它们还会和现在一样，和人类行为有关。因为学会了拉丁文和希腊文，国语的知识得以增加，这个可以算作具有半内在的价值；对我们和对那些在语源上继承了这两种文字的别的民族而言，那是一定有价值的，不过那只能在我们语言存在的时候存在。至于那些在我们学校里盗用了历史名义的知识，一些年代、人名和陈旧的、毫无意义的事迹，有的就只是一些习俗上的价值；对我们的任何行动而言，这种知识都没有丝毫的联系，而只是有了能够避免现在的舆论对缺乏这种知识提出的、令人不愉快的批评罢了。当然，一定要承认，和整个人类始终都有关的事实的重要程度，要高于那些只在有限的年代中关系到一部分人的事实，也远高于那些只流行一时的、和一部分人有关系的事实；所以合理的看法是：在别的情况相同时，具有内在价值的知识，一定要放在具有半内在价值或习俗上价值的知识之前。

还有一点需要提前说明。获得任何一种东西，都会有两项价值，分别是作为知识的价值和作为训练的价值。获得了任何一种事实的知识，除了用来指导行为外，还可以用来对心智进行练习；对它在为完满生活做准备时的效果进行考虑，应该从这两方面进行。

这些就是我们在开始讨论课程时一定要具有的通常观念：将生活按照重要性的不同，分成逐渐减少的几种活动；在调节这些活动中，每类事实的内在的、半内在的和习俗上的价值；从作为知识和作为训练两方面估计它们在调节中产生的影响。

非常幸运的是，那个最重要部分的教育，也就是和自我保全直接相关的部分，大部分已经安排好了。因为那件事太重要，不会让我们去瞎撞，自然就亲自安排了。婴儿还在乳母的怀抱里，看到陌生人就会躲起来哭，这就是他本能萌芽的表现：逃避未知的和可能发生危险的事物，以此确保安全；在他会走了以后，遇到野狗时的惊慌，或者看到听到别的可怕的事物，就跑向母亲，边跑还边叫喊，都是那种本能获得了进一步发展的表现。不只是这些，他每时每刻所急于追求的，大部分都是为了直接自我保全的知识。如何保持身体的平衡；如何控制自己的动作避免碰撞；哪些东西是硬的，碰了会痛；哪些东西是重的，落在肢体上会造成伤害；哪些东西可以承受得住身体的重量而哪些东西不行；火、掷来的东西还有锋利的工具会导致痛苦：这些还有别的各种为避免死亡或事故所需要的知识，都是他始终在学习的。过了几年，他将力量运用到跑、爬、跳和体力及技巧的游戏里，我们能够发现，一切这些让知觉敏锐、判断敏捷、肌肉发达的动作，都是在为他的身体在四周物体和运动中确保安全而做的准备；并且让他随时可以应对每个人生活中偶发的意外危险。如此说来，自然既然已经将这一方面照顾得如此周到，那么这个最根本的教育就不用我们操什么心。

我们所要着眼的主要是保证可以充分获得这种经验、并受到这种锻炼，而不要让自然受到妨碍。不要像有一些教师那样，总是不让女学生去从事一些她们喜欢的自发体力活动，从而导致她们在面临危险时多少有些束手无策。

但是，这并非为直接自我保全做准备的教育所包括的全部。除了保证身体远离机械原因导致的伤害以外，还要远离其他原因的伤害，不会因为违反生理规律而导致生病甚至死亡。为了生活可以完满，不只需要防止突然死亡；还得避免那些不良的习惯所导致的能力丧失和逐渐死亡。如果健康状况不好、精力较差，就会在某种程度上无力胜任生产的、父母的、社会的和其他的活动；显然，从重要性来说，这种次要的直接自我保全是仅次于首要的那种的；而有助于获得这种自我保全的知识的地位应该很高。

在这里的确也多少有了些现成的指导。利用各种身体感觉和欲望，自然已经确保我们相当符合一些主要的要求。我们非常幸运，缺乏食物和酷热严寒所产生的一些强大刺激是无法忽视的。如果在这些和所有类似的刺激不那么强烈的情况下，人们都习惯了服从，也就不会有那么多的坏结果产生。如果感觉体力脑力疲乏时，都不再工作；如果人因为房间闷气而感觉不舒服，就出去通风；如果不饿就不吃饭，不渴就不喝水；那么机体就几乎不会出毛病。然而对于生活规律，人们是那么严重的无知，以至完全不知道他们的感觉是他们的自然指导，而且

（在未被长期忽视而造成变态时）是他们非常可靠的指导。所以，虽然从目的论上说，自然已经为健康安排了一些行之有效的保障，但是却因为缺乏知识，而让它们大部分变成无用。

如果有人对了解生理学原理是完满生活一个手段的重要性有所怀疑，那就请他看一下，完全健康的中年或老年男女能有多少。一个直到老年还健壮的例子只能偶尔遇到，急性病、慢性病、身体虚弱、未老先衰的例子却随处可见。在你问到的人中，在一生中，从来没有得过只要有少许知识就能避免的疾病的人是几乎不存在的。这儿有一个人，因为疏忽大意着了凉，得了风湿热，最后得了心脏病；那儿有一个人，因为过度学习而让眼睛终身受损害；昨天听说有一个人，他的跛脚是因为受了轻伤膝盖感觉痛，但是他还勉强走路；而今天又听说另一个人之所以需要长年休养，就是因为他不了解他得的心悸症病因就是过度用脑；过了一会儿，我们又听说了一个无法挽救的损伤是傻里傻气地卖弄气力造成的；过了一会儿，又听说一个人因为从事过度的、没有必要的工作，让体质遭到了损害，始终无法复原。从各个方面，我们还会不断看到跟着虚弱一起来的小毛病。都不用说那些由此导致的痛苦、烦躁、愁闷，还有在时间、金钱上的浪费，只考虑一下健康不良让所有任务的完成受到多少阻碍——让工作总是非常困难，甚至直接不能进行下去；产生一种不利于合理地管理儿童的急躁情绪；让公民无从发挥自己的作用；对娱乐感觉厌烦。难道还不是明摆着引起这种健康不良的身体恶习（有一部分是由祖先遗留下来的，还有一部分是我们自己造成的），比任何别的事件，都让我们的圆满生活遭受了更多的损失吗？而在很大的程度上，让生活再也不是幸福和愉快的，而成为我们失败的负担吗？

还不止这些。除了会因此让生活极度恶化外，还会缩短我们的寿命。并不是照我们一般所设想的那样，病后康复，一切都和得病之前一样。功能的正常作用有过任何扰乱，事后都是无法完全恢复成原来的样子的。永久的伤害总是还会存在的，可能不会马上看出来，可是它依然在那里；而且同自然在它的严格核算中从不漏掉的别的项目一起，将来在算总账的时候，就不免要让我们的寿命因此缩短了。因为累积的轻伤，体质早已受到了损害以致毁坏。想一下人们的平均寿命要比可能达到的寿命短多少，我们就能知道这个损失有多大了。在不良健康所引起的很多部分的损耗上，再加上这个最后的大损耗，结果通常就是，让生命失去了一半的长度。

因此，那些避免损害健康、保全自己的知识是首要的。我们的意思不是有了这些知识，就能够克服所有的坏现象。显然，在我们目前文明的情况下，人们的需要总会迫使他们越轨。显然，就算这种强迫不存在，他们的天性倾向也总会让他们明知故犯，为了眼下的享受而牺牲未来的好处。然而我们觉得，用正确的方法来灌输正确的知识的效果会非常好，而且一定要对健康的生活有所认识后，才能充分地实行，我们进一步主张无论更合理的生活什么时候实现，都要事先就传授这种知识。在我们看来，既然充沛的精力和它带来的饱满情绪，在幸福中比任何其他事情的地位都重要，那么教人保持良好健康和饱满的情绪，就是最重要的。因此我们可以确定，这样一门为了解其中普遍真理，还有它们和日常行为的关系所必需的生理学科目，是合理的教育中最重要的部分之一。

非常奇怪的是，这个主张还需要提出！还有更奇怪的，那就是它还需要辩护！然而，会不会有一些人，会用近乎嘲笑的态度来看待这个主张。一些被人发现读错了希腊文学中人名伊菲几尼亚的重音就会脸红的人，或者觉得说他不了解一个半神话人物的传说事迹就是侮辱的人，却毫无愧意地承认自己并不清楚欧氏管在哪里，脊椎神经的作用是什么，正常的脉搏是每分钟多少次，或者肺是如何充满空气的。他们在渴望自己的儿子要对两千年前的迷信了如指掌的同时，却不关心有没有将和自己身体构造和机能有关的任何知识教给儿子，不但这样，还希望别人也不要这样来教。既定的习惯势力就是如此之大！在我们的教育里，装饰就是这样可怕地胜过了实用！

我们没有必要强调让人容易谋生、对保全自己有帮助的那种知识的价值，这一点是无论谁都承认的；说实话，大家还或许将它视为教育的唯一目标，这其实有点过分了。不过即使任何一个人都对这种抽象的提法表示同意，说准备青年人谋生的教育非常重要，甚至觉得是最重要的；可是基本是没有人去探究想要将这项准备做好，需要教些什么。当然，教读、写、算这些，也真正是从道理上承认了它们有用。但是除了这些，就差不多没有什么可说的了。所学的别的东西，大多数都是和生产活动没有关系的，而大量和生产活动有直接关系的知识，又被彻底地忽略了。

因为，除了某些人数很少的阶级以外，其他大部分的人在做什么？他们都在进行商品的生产、加工和分配工作。而商品的生产、加工和分配的效率靠的又是什么？就靠运用和这些商品各种性质相符合的方法，靠在不同情况下，都对它们的物理学的、化学的或生命的特征了如指掌；这就是在依靠科学。这方面的知识，大部分没有列入我们学校科目内容，但却是让文明生活成为可能的所有过程可以顺利进行的基础。尽管不能否认这个真理，但是好像并没有人注意；正是因为司空见惯，就反而给忽略了。为了让我们的论点得到充分的论述，我们必须马上列举一些事实，来让读者理解这个真理。

撇开逻辑学这个最抽象的科学不谈（虽然大生产者或分配者，也在有意无意中要利用它来对商情进行预测），我们会首先遇到数学。在数学里，和数目有关的最普通部分就对一切生产活动进行着指导，无论是调节工序、进行估价、商品买卖或者记账，都得用到它。对任何人强调这部分抽象科学的价值是没有必要的。

在进行需要较高技艺的建筑中，一定要多少具备一些较专业的数学知识。村里的木工用成规来对工作进行安排，和建造不列颠尼亚大桥的人一样，随时都在应用一些空间关系的规律。测绘员在对所购地段进行测量时，建筑师在设计大厦的架构时，施工工人在打地基时，石匠在砌石块时，别的工人在进行装配时，都离不开几何学原理的指导。铁道的修建从头到尾都离不开几何学：无论是准备平面图和路段、打桩定线、量度路堑路堤，还是设计、建造桥梁、拱桥、隧道、涵洞、车站中，都是一样的情况。分布在沿岸和内陆各地的港口、船坞、码头和各种各样的工程建筑，还有地下的矿井里，也都是完全一样的情况。目前，即使是农民在设计沟道时，都离不开水准仪，这也是对几何学原理的运用。

其次就是抽象—具体的科学。现代工业制造的成就，就离不开对其中最简单的一门——力学的应用。每件机械的制造，都要按照杠杆、轮轴等的特性；而我们现在差不多所有的生产，都在依靠机械。

可以研究一下早餐面包的来源。生出小麦的土壤，水道是用机械做的砖做的；用机械翻的地；用机械播的种子；收割、脱粒、去皮，也是用的机械；磨碎、筛粉、装袋，还是离不开机械；而如果将面粉送到了戈斯波特的话，那么没准就用机械将其做成了饼干。看一下你现在坐着的这个房间，如果是新式的，墙上的砖估计就是机械生产出来的；地板的锯刨，炉架的锯和磨光，墙纸的制作还有印色，都离不开机械；桌面的镶饰，车圆的椅子脚，还有窗帘、地毯，都是机械的产品。你的衣服，素的、织花的或者印花的，不都是用机械织出来的，或者用机械缝好的吗？你看的那些书籍，每一页不都是用一种机械生产出来的，又用另一种机械把这些字印上去的吗？除了这些，还有我们也应该感谢的水陆运输工具。再就是有一点要注意，根据实现这些目的时运用力学知识的好和坏，会产生不同的结果：成功和失败。建桥时，工程师如果在材料力学方面的计算出了错，桥就会倒塌。那些使用不好的机器的工业家，就无法和另一个拥有摩擦和惯性上损耗比较低的机械的人竞争。那些墨守成规的造船家，不会是一个按照力学上的流线原理造船的人的对手。因为一个国家抵抗另一个国家的能力，取决于它的各单位活动中的技术水平，因此我们就能够看出来，关于机械的知识很有可能转变国家的命运。

从有关分子力的抽象—具体科学部分上升到有关分子力的那些部分，我们就能够看到另外一系列的应用范围。因为这些和前面说的那些科学，我们有了蒸汽机，可以代替几百万的劳动者。物理学中那些和热学定律有关的部分，告诉我们在很多生产部门中应该如何节约燃料，如何用热风代替冷风，以此提高炼铁炉的产量，如何在矿井中通风，如何用安全灯来避免爆炸，以及如何用温度计调节无数的过程。对光的现象的研究，让老年和近视的人视力得以恢复，有了显微镜，得以发现疾病和污染的现象，以及用改进的灯塔，避免航行事故的发生。因为电磁学的研究，罗盘救下了数不胜数的生命和财产，电铸版的出现提高很多的技术，而现在电报的出现又给我们提供了一个工具，让日后所有的商业来往、政治联系能够进行。在室内生活的很多细节上，无论是改良的炉灶，还是客厅桌上的立体镜，都说明先进的物理学的应用，为我们获得舒适和满足打下了基础。

化学方面的应用就更多了。漂白工、染色工、印花工，他们自己的制作法做得好还是坏，就取决于他们是不是遵守了化学定律。熔炼铜、铁、铅、锡、锌、银，没有化学的指导是不行的。制糖、制煤气、制肥皂、制造火药，其中都有一部分的操作，是按照化学的原理来进行；生产玻璃和陶瓷的操作也是同样的情况。酿酒的麦芽汁，是在酒精发酵阶段停止，还是再往前到变醋酸的阶段，就是一个直接决定了他的盈亏的化学问题，而一个大酒商就会认为，聘请一个化学家还是十分合算的。

事实上，目前几乎没有哪个制造工业的某些部分，不是按照化学原理来操作的。不仅是这样，现在就算是农业，要想经营得利，也一定要有同样的指导。肥料和土壤成分的分析；它们互相的配合；如何用石膏或别的东西来固定氨；如何利用粪便化合物；人造肥料的生产：这些都是化学的贡献，是农业家应当掌握的。不管是根据摩擦生火的火柴，还是根据消了毒的污水，或者是根据照相技术，还是根据不经发酵的面包，从废物中提取得的香料，我们都能发现化学对我们所有生产的影响；所以这方面的知识，是每个与我们生产直接或间接有关的人都应该注意的。

在具体的科学中，我们首先遇到的是天文学。航海技术是从这里产生的；有了它，才可能有了那个庞大的国外贸易，养活我们大部分人，和供给我们许多必需品及大部分奢侈品都是从这里面获得的。

地质学这门科学的知识对工业成就也大有帮助。既然目前铁矿石是如此大的一个财富资源，既然目前我们煤的供应期长短已经成为大家关注的问题，既然目前我们已经拥有了矿业学院和地质勘探：我们现在就没有必要再否认研究地球外壳对我们物质福利是很重要的这一事实了。

再说，生命的科学，生物学，对于这些间接保全自己的过程不也存在根本的关系吗？它的确和我们通常所说的制造工业没什么关系；但是和食品制造业，这个最主要的制造业却有着无法分割的联系。因为农业的方法，一定要和动植物生活的现象相符，这些现象的科学就是开展农业活动的合理根据。很多生物学的真理都有这样的情况，在它们还没有成为科学的时候，就已经在农民那里得到了证实和应用，成为农民的经验；比如某些特殊的肥料对某些特殊的植物特别适合，某种庄稼会让土壤不再适合种其他种庄稼，马的饲料坏了，工作就不会好，牛羊的这种或那种疾病，原因就是这种或那种情况。这些，以及农业家从经验中获得的、关于怎样对待动植物的日常知识，就积累了非常多的生物学事实；而他之所以成功，多半靠的就是这种积累的丰富。既然这些尽管不多、不够准确、比较粗浅的生物学事实的帮助这么大，那就不妨判断一下，如果这种事实可以得到改善，变得肯定、准确和充分，对他就一定会有更大的价值。实际上我们目前就已经发现了理论生物学给他带来的好处。产生动物体热，意味着有物质的消耗，所以避免热的散失，也就避免了额外食物的需要，这一真理——这一个纯粹理论的结论——目前就在指导我们如何将牛养得肥壮；让牛暖和了，就可以节省饲料。在食物的多样化上，也有差不多的情况。生理学家的实验告诉我们，有好处的不只是变换食物，每餐有混合的食品，还对消化有帮助。我们发现了那种每年让几千头羊死去的、被称为"晕倒病"的病症，起因是一种入侵了羊脑的寄生虫，而如果我们在标明它的位置的那个头骨软处穿过，取出寄生虫，就可以让羊的病痊愈。这就是另一件农业应该感谢生物学的事情。

我们还要注意，还有一门和生产成就有直接关系的科学，那就是社会科学。那些每天观察金融市场情况，对现在的行情进行了解，分析谷物、糖、棉花、蚕丝、羊毛的大致收成，估计发生战争的可能性，而最终决定他们采取什么样的经商措施的人们，都是社会科学的学生。他们有可能是一些根据经验进行判断而犯错误的学生，但还是一些因为判断正确与否而盈亏的学生。这样做的不只是工商业者经营企业，要根据许多事实，按照各种社会行为的一般原则，考虑到供求关系；即便是零售商也应该是这样的，他的生意兴隆在很大的程度上靠的就是他正确地判断到了将来的批发价和将来的消费率。显然，一切参与一个地区复杂商业活动的人们，都对了解这些活动变化的规律是非常关心的。

因此，对于一切从事商品生产、交换或分配的人，对科学的某些部门要熟悉是很重要的。每一个直接或间接涉及任何一种生产的人（不是这样的人很少）就一定会接触事物的数学、物理学和化学的特性，只是程度不同；或许也会对生物学很关心；而对社会学，一定是非常关心的。他能不能间接保全自己，能不能在被我们称为谋生的那个方面取得成就，在很大程度上依赖的就是他掌握的一门或几门这种科学中的知识；可能并不是理论知识，但还是知识，即便是从经验中获得的。这是因为，我们所谓的学一行买卖，实际指的学这其中的科学，虽然可能没有用科学这个名字。所以科学方面的根底特别重要，既是因为它在为这一切做着准备，也因为理论的知识远远比经验的知识优越。此外，每个人需要科学的修养，还不只是为了了解与他的生产或分配工作有关的事物和过程的情况；了解许多别的事物和过程的情况也很重要。

在眼下这个合股经营的时代，除了工人，几乎所有的人都像资本家一样，对本行业以外的某些其他行业非常关心；既然如此关心，那么他是赚钱，还是赔本，就要看他对有关这个其他职业的科学知道多少了。这里有个矿井，掘进以后不少股东都垮了，因为他们不懂某个化石是属于老红沙石一类的，在那底下肯定找不着煤。制造电磁发动机来代替蒸汽机的尝试有很多；但是如果投资的人对力的关联和等效的一般规律有所了解，就可能多留一些存款在银行里。每一天，都有一些人被吸引去为一些只要粗通科学就能看出根本行不通的发明帮忙。在过去，几乎所有的地方都曾出过这样的人：从事一些不可能的事业，而把自己的家当败光。

如果是因为缺乏科学，就已经经常有这样的损失，而且他的损失还如此之大；那么将来，这些缺乏科学的人的损失就会更频繁，规模也会更大。生产过程既然那么快地科学化，竞争会让它们不得不这样；合股经营既然那么快地推广，而事实一定会这样；科学知识就应该同样快地成为每个人所必不可少的。

从这里我们就能够看出来，几乎为学校科目所完全忽视的东西，却和人生事业有着密切的关系。如果不是因为在他们学业据说已完成后，人们开始自己想办法获得了一些知识，我们的生产就会陷入停顿。如果没有这个已经累积多年的、在私下传播的知识，根本就不会出现这些生产。如果除我们公学所进行的教育以外，再也没有别的教育，现在的英国就会和封建时代一样。若干年来，那些日益增长的对现象规律的知识让我们可以征服自然，让它顺从我们的需要，让现在一个普通工人可以享受到几百年前帝王所享受不到的舒适，却和我们教育青年的那些现成办法几乎一点关系都没有。最重要的知识，那些让我们国家成长和作为我们全部生产的基础的知识，是一种从街头巷尾获得的知识；而一些钦定的教育机构始终念念叨叨的，却差不多都是一些陈腐的公式。

接下来我们来说一下人类活动的第三大范围，这其中什么准备也没有做。如果因为特别的机会，除了一堆学校课本和某些大学考卷以外，我们给那遥远的将来没有留下任何东西；我们能够想象出来，那个时期的考古学者在这里面找不到任何能够表明学习者有可能做父母的东西时，会是怎样的迷惑。我们不妨揣测一下，他会得出这样的结论："这些课程一定是属于他们那些不结婚的人的。从这中间，我能看出来很多事情都进行了仔细的准备；特别是对阅读一些早已不存在的国家和同时存在的国家的书籍（从此仿佛可以看出来，他们本国语文中值得读的东西很少）；不过和带孩子有关的事，我一点都没有找到。他们还不至于如此荒唐，完全忽略这个责任最重的训练。显然，这个课程是属于他们某个僧院宗派的学校的。"

说正经的，子女的善与恶、生与死，都在于父母如何教他们。然而对于将来要做父母的人，在教养儿童方面甚至没有一个字的教导，这难道不很奇怪吗？将新一代的命运置于缺乏理智的习俗、冲动、幻想中去碰运气，如果再加上一些不懂事的乳母的建议，还有奶奶们的带有偏见成见的劝告，这难道不很荒谬吗？如果一个商人一点算术和记账的知识都没有，就开始经商，我们一定会说他是瞎干，将会目睹他得到惨痛的结果。而如果一个人根本没学过解剖，就开业为别人进行外科手术，我们也会为他的胆大包天大吃一惊，还会非常可怜他的病人。然而通常父母都从来没有考虑过那些在身体、道德、智慧方面应该为他们提供指导的原则，就开始了教养儿童这个无比艰巨的任务，却并没有引起对他们的惊讶，也没有引起对受害者的怜悯。

除死亡的几万人外，还有虚弱体质下苟延残喘的几十万人，和长成而没有获得应有的强健体质的几百万人中，你就能够看出来，不懂得生命规律的父母给子女带来了怎样的灾难。只要考虑一下，儿童所受到的教育时刻都对造成终身的损害或利益产生着影响，以及错的办法的数量是对的办法的一二十倍，你就能够看到了那一般常用的、不假思索、随便乱干的制度在随处可见闯下的大祸。是不是决定了要叫一个男孩穿着短薄的衣服，在游戏时把手和脚都冻得通红？

我们都能看出这个决定对他整个日后生活的影响：要么生病，要么发育不良，或者精力不足，始终达不到应有的健康水平，所以会成为他收获成就和幸福的阻碍。儿童是不是注定了要吃单调的或者缺乏营养的食物？他们最后的体力和作为成年男女的效率不免就要降低一些。他们是不是禁止游戏吵闹，或者在冷天的时候就要被关在室内（因为穿得太少抵挡不了风寒）？那他们一定不会达到原本能够达到的健康和体力水平。自己的子女长大了但是虚弱多病，父母总以为这是一种不幸，是上天在惩罚自己。

按照现在这样糊涂的想法，这些祸害是无缘无故的，或者是因为某种超自然的原因。根本不是这样一回事。某些情况的原因确实是遗传，然而在大多数的情况下，祸根就是一些愚笨的规则。所有的疼痛、虚弱、颓丧、苦闷，通常都要由父母本人负责。他们每时每刻都在管他们子女的生活；但是因为他们的漫不经心，只会指手画脚，对那些生命过程持续产生影响，然而根本不会去研究它。他们根本不了解最简单的生理学规律，但是却在经年累月地在损害儿童的体质，所以不但让他们自己，还让他们的后代生病或早死。

当我们从身体训练谈到道德训练的时候，面对的情况是一样的：知识匮乏。它导致的损害也同样非常大。请看看一个青年母亲和她在育儿室里的做法。不过是几年以前，她还在学校里学习，她在那里记住了不少的字句、人名、年代，但是思维能力，哪怕最基础的练习也没有接受过；如何对待一个发展中的孩子？她的时间都花在了阅读小说、练习音乐、做装饰性的刺绣、参加宴会方面，而从来没有想过做母亲的重要责任；她的智力几乎没有接受过为履行这些责任做准备的培养。但是现在，她监护着一个正在发育的人，她对所要对待的现象一无所知，但是她要做的，却是一件即便知识丰富，也不一定就能做好的事。情绪的性质、演化次序、具有的作用、在什么地方它们就会无益有害，这些她都一点不了解。在她的印象里，有些感情彻底就是坏的，其实事实并不是这样的；而有些感情，又不管怎样走极端都是好的，其实也并不是这样的。她既不清楚她所要对待的人的身体结构，也不清楚该如何对这个结构产生效果。还有什么比我们所看到的随时发生的惨痛结果更不可避免呢？既不了解心智现象和它们的前因后果，她的干预往往比彻底不管的害处更大。她总是阻止某些本来是很正常，还有好处的动作，儿童因此少了很多快乐和利益，导致了母子之间出现不和。她觉得应该鼓励的行为，就去威逼利诱或者激起一种获得表扬的欲望；只求表面行为对头，而没有考虑内部动机；就这样，虚伪、惧怕、自私而不是好感得到了培养。在坚持要求诚实的时候，她总会作出不诚实的榜样：以惩罚相威胁，但是又没有执行。在培养自制能力的时候，她却常常怒骂小孩，只是为了一些不该责骂的事。她一点儿都不了解在育儿室和在社会上是一样的道理，唯一真正有益的训练就是让所有的行为，无论是好的还是坏的，都得到自然的后果，这是唯一真正有益的训练。这样她既没有理论上的指导，又不能通过了解儿童的心智过程来为自己指引方向，她的管教就是任性的、不一致的，也就是有害的。如果人们在心智成长中，没有强大的倾向去达到种族的道德典型，而经常能压倒一切较次影响的话，那结局真会造成一种非常普遍的灾难。

再谈一下对智慧的培养，这难道不也是一样没被做好？如果承认智慧现象是符合规律的，承认儿童智慧的演化也是按照规律来的，就一定要承认，如果不了解这些规律，教育就不会以正确的方式进行。如果你觉得不用了解这个过程的性质，一样可以正当地调节这个形成和积累观念的过程，那真是非常荒谬的。这样的教学——几乎没有哪个父母懂心理学，而只有少数教师懂得一点——同应该有的教学水平有多大的差距，就可想而知了。就像能够预料到的，现有的制度不管是内容还是方法，都有很大的问题。不讲正确的知识，却在用错误的方法，将错误的知识按照错误的次序灌输给学生。拥有教育局限于书本的狭隘观念的家长们，就提前几年将入门课本教给儿童，这样的做法对儿童是十分有害的。他们不明白这个真理：书籍只能起到补充的作用，是一种间接的获得知识的方式，只在直接的方式没有成功时发挥作用，一个利用别人来看自己看不见的东西的方式，教师们就忙着用第二手的事实来取代了第一手的事实。他们也不了解幼年进行的自发教育价值有多大，不了解不仅不应当忽视或限制儿童不停的观察，反而应当大力提倡，让它尽可能地准确和完备。

他们坚持要让儿童眼里和思想里只有现在不能理解的和讨厌的东西。他们迷信知识的符号，而不去对知识本身进行探究，看不见只有儿童已经相当广泛地接触了家庭、街市、田野的事物和过程时，才应该将书籍所供给的那个新的知识源泉介绍给他。这不只是因为直接认识的价值要远大于间接认识的价值，同时也因为书中字句没有事先对事物已经有的经验作为依据，是不能正确地变成观念的。其次，要注意的一点是，进行这个开始过早的形式教育，也几乎没有参照心智发育的规律。智慧的发展一定要是从具体到抽象。然而人们根本不管这些，结果比如语法这样高度抽象的科目本应该是非常晚才教的，却开始得非常早。那些政治地理课程对于儿童来说非常死板无趣，应当附在社会学学习，却也教得很早；比较有趣的、儿童可以理解的自然地理，倒是被省略了大部分。要讲授的每一门科目基本都没有按照正常的次序安排，定义、规则、原理都被安排在了前面，而没有按照它们在自然中的次序，通过对个别实例的研究来揭示的。而且还有那害人的死记硬背的制度，那个为了字句而将内容牺牲的制度贯穿始终。看一下结果吧。

既然因为早年受抑制和被迫注意书本而让违反了自然的知觉变得迟钝；既然因为在学生还无法理解的时候就教一些科目，而每一科又都是将概括安排在所概括事实之前，而导致了心智上的混乱；既然让学生单纯被动地接受别人的观念，而根本没有引导他勤学好问；既然能力上的负担如此沉重；那么心智自然很难有较高的效率。考试一过，学生就把书本扔到了一边；因为知识没有进行系统化，所以所得到的大部分知识用不了多久就会忘光了。因为并没有培养他们运用知识的技能，所以剩下的大多是死板的东西，结果就是他们既不会准确观察，也不会独立思考。此外即便是那些他们没有忘记的知识，也几乎都是价值较小的，而大量价值较高的知识却被彻底地忽略了。

这样，我们能够看出，事实就和我们事先能够推论出的一样，无论是对儿童的身体的训练，还是对道德或者智慧的训练，都是问题众多的。这通常是因为父母缺乏唯一可以正确指导这种训练的知识。将一个最复杂的问题，交给基本上是根本没有考虑过解决它所要依据的原则的一些人，那会是怎样的结果？想要掌握制鞋、造屋、行船或驾驶机车，一定要进行长时期的徒工学习。难道说和这些比较起来，人类身心的发育过程，就是那么的简单，每个人都能够毫无准备就去监督它、调节它了吗？如果不是这样的话，这过程的复杂程度要高于自然中的任何过程，而管理它的任务的难度又是最高的，那么没有准备地去完成这项任务，不是狂妄是什么呢？我们宁可牺牲一些别的才艺，也不能将这个最主要的教育给忽视了。一个父亲因没有经过检验，就采用了错误的教条来指导他的儿子们的行动，而导致他们之间出现了不和，他粗暴的处理逼着他们奋起反抗。在他毁了他们，而又让自己感到痛苦的时候，他很可能会意识到，即使将和埃斯库罗斯有关的所有知识都牺牲，去学习性格形成学也是非常值得的。一个母亲痛悼她的第一个孩子是死于猩红热的后遗症：一位直率的医师证实了她的怀疑，说如果那个孩子的体质没有因为学习过度而十分虚弱，很可能就会复原了；当她悲悔交加、痛不欲生的时候，即便她可以诵读但丁的原著，对她也不会有多大的安慰作用。

这样，我们能够看出，为了调节人类活动，没有生命规律的知识是不行的。对于带孩子来说，多少熟悉一些生理学的基本原理，还有心理学的初步知识是不可或缺的。许多人听到这种意见会觉得好笑，对此我们并不怀疑。他们认为希望一般父母获得这些深奥科目的知识并不合理。如果我们主张每一位父母都要精通这些科目，那显然是非常不合理的。但是我们没有那样主张，我们只是要求父母们了解一般的原理，附带懂得一些为了了解一般原理所必不可少的例证就可以了。这些都是很容易教的，如果教的时候无法阐明其中的道理，那就教条式地教吧。不过不管怎样，这些都是不容争辩的事实：儿童身心发育有一定的规律；除非他们的父母在某种程度上遵守这些规律，否则子女难免要短命；除非在很大程度上遵守这些规律，否则双方的身心一定会产生严重的缺陷；只有彻底地遵守这些规律，才能让儿童得以健康成长。那么请自行进行判断，任何一位将来有一天要做父母的人，是不是应该努力地多少学习一些和这些规律有关的知识？

接下来，让我们从父母的职责转到公民的职责。我们现在要问，一个需要尽这些职责的人，需要些什么样的知识？我们还不能说完全忽视了尽这些职责所需要的知识，因为我们学校某些科目和政治社会责任有关，至少在名义上是这样的。这里唯一占最重要地位的是历史。

然而就像前面已经说过的，一般在此名目下所给予的知识，基本都没有任何指导价值。在我们的历史课木中，说明政治行动中正确原则的事实基本没有，那些较详细的、面向成年人的著作中，这种原则也很少。君王的传记（我们的儿童就学了这个）对于了解社会的科学一点儿用处都没有。知道了一些宫廷的明争暗斗、相互篡夺等这类的事情，还知道了一些其中人物的名字，对于弄清楚国家进步的原因并没有任何帮助。我们读到了某些争权引发的战争；以及某某人是大将和副帅，每人拥有几千马队、步兵，拥有多少门大炮；每人如何如何地部署军队；他们如何调动，如何进攻，又是如何退却；在哪天哪个时候遭了什么样的失利，在哪天哪个时候，又取得了些什么样的利益；某个主将在某次作战中阵亡，某一团在另一次作战中被消灭；而在所有这些战役或胜或败之后，某方军队获胜或失败；双方有多少伤亡，战胜者抓了多少的俘虏。好了，所有的这些叙述都是说的细枝末节，哪一件对决定你的公民行为有帮助？即便假定你认真读的不只是《世界上的十五次决战》，历史中所有别的战争的记载你都读了，那么在下一次选举中，你的投票又能高明多少？你可能会说"但是这都是事实，有趣的事实"。

是的，这些都是事实（至少不是全部或者部分虚构的那种），感兴趣的人也很多。但是这并不代表着它们就具有价值。世俗的观点通常认为几乎一文不值的东西，还是存在一些似是而非的价值的。一个喜欢郁金香成癖的人，即使给他同样重的金子，他都不会放弃一个特好的球茎。在另一个人看来，一件丑陋还有裂缝的古瓷，就是他最宝贵的财产。还有人愿出高价，买下那些著名谋杀凶手的遗物。是否可以说这些嗜好就可以衡量满足他们的那些物件的价值？如果不可以，那就得承认对某种历史事实的爱好，并不能证明它们就具有什么价值；我们一定要像检验别的事实的价值一样，来检验它们的价值，要看看它们到底有什么用。如果有人告诉你邻居的猫昨天生了小猫，你会说这个消息什么价值都没有。尽管这可能真的是事实，你也会说这事实毫无用处，并不能对你的生活产生影响，不能帮助你学习怎样生活得圆满。

好了，我们再去检验一下那一大堆的历史事实，你也会得到同样的结论。那些都是无法从中得到什么结论的事实，无法组织的事实；因此，对建立行为准则不能提供什么帮助，而建立行为准则，才是事实的主要用途。高兴的话看看它们作为消遣可以，可是千万别哄自己说那能教给自己什么东西。

在历史这门科目的著作中，真正能够称为历史的东西大多数已经被删掉了。只在最近几年，历史学家才开始给了我们相当数量的、真有价值的知识。既然在过去那个时代，帝王就是一切，而人民全不算数；过去历史中，帝王所做的事充满了整个画面，而国家的生活只有一个十分模糊的背景。只有到了现在，当国家的而非统治者的福利逐渐成为主要观念时，一些社会进步的现象才引起了历史学家的注意。我们真正应该了解的是社会的自然历史。所有能够帮助我们了解一个国家成长和组织的知识，都是我们所需要的历史。在这中间，它的政权我们肯定要叙述，不过其中掌权的人尽量少谈，而它所表现的机构、原则、方法、成见、腐败等尽量多讲；这种叙述不应该只有中央政权的性质和活动，地方政权一直到它们的最小部分的内容也应该包括进来。当然对宗教政权，我们也是同样的描述——它的组织，它的权力，它的行动，它和国家是怎样的关系；同时还有礼仪、信条和教义——要那些真正相信的和实际照办的，不要那些名义上相信的。让我们同时也了解了在社会习俗——爵位、礼仪和称谓形式——中表现出来的阶级对阶级的控制。也让我们了解别的调节户外户内人民生活的通常习惯，包括涉及两性关系和亲子关系的那些习惯。还有迷信，不管是那些比较重要的神话，还是常用的符咒，都要指出来。接下来应该阐述生产制度，对分工的程度进行说明，贸易如何调节——由阶级、行会调节还是用别的办法；雇主和被雇佣者之间的关系怎样；什么机构来分配商品；都有什么交通方式；周转的通货是什么。同时，应该从技术上对生产工艺进行叙述，介绍所用的过程和产品质量。此外，国家各级文化的情况也应该讲，除了教育的种类和年限，还要讲科学的进步和流行的思想情况。应当讲授建筑、雕塑、油画、衣着、音乐、诗歌、小说等艺术形式中表现出来的审美文化。人民的日常生活、饮食起居和娱乐也不能忽视，也要讲述。最后为了将整体联系在一起，应当揭示通过他们的法律、习俗、格言、行动可以体现出来的各阶级的道德理论和实践。要将这些事实说得简单明确，应该让它们可以从全局上了解，可以将它们视为一个大整体中的一些彼此依存的部分。目的应该是通过讲述这些事实，让人们易于发现其中的共同点，为的是弄清楚哪些社会现象和其他的哪些现象是共同存在的。对各个时代的叙述，应当设法说明每个信念、制度、习俗还有措施是如何改变的；前面的机构和作用中的共同点，是如何发展为后来的共同点的。对于一个公民调节他的行为来说，只有这种关于过去时代的知识才是有用的。只有可以称为描述的社会学的那种历史，才是唯一具有实际价值的历史。而历史学家可以完成的最高职务，就在于可以叙述一些国家的生活，来为比较社会学提供资料，并且供给资料让日后可以探究找出社会现象所遵循的基本规律。

　　不过有一点要注意，尽管假定有了适当数量的、真正具有价值的历史知识，如果没有钥匙，那么还是用处不大。而这个钥匙，只能在科学中发现。如果没有生物学和心理学的概括，就无法合理地解释社会现象。人们唯有从经验中对人性有了一定的了解，才能理解社会生活中最简单的事实，比如供求关系。如果说，要想获得社会学中最基本的真理，不懂得一点儿人们在一定情况下通常是如何思考、感受和行动的话，那么不充分地了解人们的身心的所有能力，显然是不可能精通社会学的。对这事进行抽象的考虑，一定会得出这样的结论：个人组成了社会；在社会中所做的一切，都是因为个人的联合行动；因此对社会现象进行解释，只能从个人行动入手。不过个人的行动是以他们本性的规律为转移；如果不熟悉这些规律，他们的行动也就无从了解。而归根到底，这些规律都是从一般身心的规律派生的。因此可以得出结论，解释社会学、生物学和心理学是必不可少的。简单地说，所有的社会现象都是生活现象，都可以说是生活的最复杂的表现，都是符合生活规律的，而只能在了解生活规律时才能了解。那么，为了调节人类活动的这个第四范围，就像前面说的，我们得依靠科学。通常在教学科目中所讲授的知识，在指导一个人做公民的行为上用处不大。他所读的历史，有实际价值的只有一小部分，就算是这一小部分，他也没有打算去正当运用。对描述的社会学，他所缺乏的不只是资料，就连概念都缺乏；同时，那些有机物科学的法则也是没有的，没有那些法则，即使有了描述的社会学也帮不了什么忙。

　　现在我们到了人类生活中剩下的一个范围，包括闲暇时间娱乐和消遣的那个范围。在考虑了哪种训练可以最好地在保全自己、谋生、尽父母的职责和调节社会政治行为，现在我们需要思考的是，哪种训练可以为这些范围里没有包括的各项目的，为了欣赏文学、自然、艺术的各种形式做好准备。照我们这样把它们推迟到那些对人类福利关系较密切的事情后面，又照我们这样拿实在价值去检验所有东西；可能有人会觉得我们不免有点小瞧这些次要的东西。如果是这样的话，那可真的是再大不过的错误。

但是，我们对于审美文化和娱乐的价值估计并不低于任何人。如果没有诗歌、音乐、雕塑、油画以及各种自然美所引起的情感，人生的乐趣会直接少了一半。因此我们绝不认为这些爱好的训练和满足是无关紧要的，我们相信它们会在今后的人类生活中占有更大的份额，比现在大得多。到了人类已经完全征服并使用自然的力量，到了生产方式已经非常圆满，到了人类对劳动力的节约已经达到了最高的程度，到了已经将教育活动安排得当，可以比较迅速地为较为重要的活动做好准备，到了闲暇的时间因此大量增加，到了这时候，艺术和自然中美的东西就会非常合理地在每个人的心里占据很高的地位。

不过，同意审美文化对人类幸福有很大的帮助是一回事；承认它是人类幸福中所必不可少是又一回事。不管审美文化有多么重要，它的作用一定是让那些和生活职责关系密切的那几种文化领先。像在前面已经说过的，有了让个人和社会生活成为可能的那些活动，文学艺术的创作才成为可能；显然，得到可能性的东西应该放在让它可能的东西的后面。

养花的人，为了花而培育一株植物；他也承认，根和叶的主要价值就在于，有了根和叶，才会有花。但是虽然从最后的成果来看，花压倒一切，但是养花的人非常清楚，根和叶具有非常大的内在重要性，因为花要靠它们，才能长出来。他对一株欣欣向荣的植物进行无微不至的培育，也很清楚，如果只着急要花朵，而忽略了植物其他的部分，那是非常蠢的。我们面前也是一样的情况。我们的确可以说诗歌、音乐、建筑、雕塑、油画等，是文化生活中的花朵。然而就算承认它们有这样压倒一切的价值，以致压倒了让它们生长的文化生活（恐怕不好这样说），有点还是要承认的，那就是一定要先考虑建立一个文化健全的生活；而为此服务的培育工作，一定要拥有最高的地位。

在这里我们教育制度的缺点暴露无遗。它为了花而忽略了植物的其他部分。为了美丽而忽略了实质。这个制度不供给对保全自己有帮助的知识、对谋生有帮助的知识，它只粗略地给了一点，而让大部分都得日后在生活中去碰运气；它完全没有考虑到完成父母的职能；对于公民的职责，它给了一大堆的知识，但是很多是与生活无关的，剩下的那些也缺乏钥匙；它教那些增加虚文华饰的东西倒是勤勤恳恳。我们既要充分地承认精通现代语言是一项很有价值的成就，承认通过谈话、阅读、旅行可以帮助我们获得一些光彩；也绝对不能因此说，为了得到这一结果而牺牲那些非常重要的知识是对的。假设古典教育真的可以让人文辞优美得体，还是不能就此说，文辞的优美得体，和熟悉教养儿童的指导原则是一样的重要。尽管承认读了古典诗歌对提高一个人的欣赏能力有帮助，还是不能就此认为，这种欣赏力的提高和知道健康的规律的价值是一样的。这些才艺、艺术、纯文学以及所有组成我们所谓文化之花的东西，都应该放在为文化打基础的教育和训练的下面。它们既然在生活里占的是闲暇的部分，那么在教育里也应该占闲暇的部分。

既然认清了审美的真实地位，也指出了审美的培养虽然应该从一开始就属于教育，但是应该放在次要地位；现在我们就要问，为了实现这个目的，什么样的知识是最有用的，什么样的知识，能为剩下来的这个活动范围作好准备。这个问题的答案还是和之前的一样。

这样的说法可能出乎人的意料，但是每种最高艺术的确都是以科学为依据，如果没有科学，不管是完美的创作，还是充分的欣赏，都是不会存在的。很多负有盛名的艺术家可能没有具备通常大家印象中的那种狭义的科学；不过他们既都是拥有敏锐观察力的人，就经常具有一些构成了科学最低阶段的经验概括；他们在艺术上的造诣经常远远没有达到完美境地，一部分原因就是这些概括得不够多和不够准确。艺术作品既然都多多少少是客观或主观现象的代表，那么作品就只有越符合这些现象的规律，才能越好，而艺术家又必须熟悉这些规律的内容，才能让作品符合它们；从演绎来推论，艺术一定要依据科学这一点已经非常清楚了。这个演绎推理的结论，我们立即就能看出来，是符合经验的。

准备从事雕塑的青年人必须要对人体骨骼肌肉的分布、联系和动作非常熟悉，这属于科学的一部分；需要将这些东西告诉他，这样他才不会犯那些不熟悉这些的雕塑者所犯的错误。力学原理也是必不可少的；我们经常发现的一些严重的力学上的错误，通常都是缺乏这类知识所导致的。一座塑像，为了确保稳定，经过重心而向下的垂直线，叫作"方向线"，一定要落在支座以内，如果因此这塑像是以"稍息"的姿势站着，一条腿直立而一条腿松弛，方向线则是要落在直立着的那条腿的范围里。然而就是有不少不了解这个平衡理论的雕塑者，在创作表现这个姿势的作品时，让方向线落在两只脚的中间。不懂得运动量定律也会导致类似的错误，比如那尊著名的掷铁饼者的雕塑，如果是那样地站着，抛出铁饼以后，那个人必然会朝前倒下不可。

　　绘画对科学知识的需要更为突出，即使不是理论的知识，至少也要是经验的知识。儿童的图画为什么错误，还不是通常因为不懂得事物的外貌是随情况转移，所以也是缺乏真实性吗？我们只要回忆一下那些教给学生的课本和演讲；考虑一下拉斯金的评论，或者看一下拉斐尔之前的画家的作品，你就能轻易看出来，油画艺术所取得的进步中，就是在如何表达自然效果这方面知识的增长。如果没有科学知识的帮忙，观察再认真，也难免出错。除非知道在指定的情况下一定会有什么外貌，否则就经常看不出来外貌，这是每一个画家都同意的。而要知道一定有什么外貌，就要在一定程度上懂得外貌的科学。因为缺乏科学的知识，杰·路易士先生这位画家尽管经过了深思熟虑，却还是用清晰的线条将一个格子窗的影子画在了对面的墙上；如果他懂得半影现象的原理，就不会这么画了。因为缺乏科学，罗塞蒂先生看见了某种带毛的表面，在某种特殊采光情况下出现了奇特的彩虹色现象（这是由光线经过毛发的衍射而导致的），就错误地在不可能出现这种彩虹色的表面和位置上也都画上了彩虹色。

说音乐也需要科学的帮助，引发的惊讶将会更多。不过我们可以指出，音乐不过是将情绪的自然语言进行理想化的过程；所以音乐作品的好坏，一定要看它是不是符合了这个自然语言的规律。因为感情的不同和强弱，而带来的声调上各种抑扬顿挫，是音乐产生的根源。进一步看的话，也能看出这些抑扬和顿挫并非偶然的或武断的，而取决于某些生活活动的一般原理，它们可以表达情感。所以，乐句和它们所组成的旋律只在和这些一般原理协调的情况下，才能产生效果。在这里不太容易举例将这种情况说清楚。也许指出那些涌进客厅里的、一文不值的故事民歌就可以了，那些作品都是科学所禁止的。它们在科学上犯下的罪恶，就是用音乐写下了一些观念，而包含在这些观念里的情绪并没有达到要求音乐表达的程度；它们的罪恶，还在于所用的音乐短句和所表达的观念之间并没有什么自然的联系，即使其中有一些是情绪的观念。它们之所以不好就是因为不真实，而之所以说它们不真实，就是因为它们不符合科学。

甚至在诗歌中也是一样的情况。和音乐类似，那些有深厚感情时的自然表达方式是诗歌产生的根源。节奏，强烈的、大量的比喻，夸大的形容，极度的倒装，都不过是将激动语言的特点进行了夸张罢了。因此想作得好诗，就一定要懂得激动的语言所遵循的那些神经活动的规律。在对这些激动语言的特点进行加强和组合的时候，还要注意分寸，决不能不加限制地使用一些方法，而应该在思想里的情绪最淡薄的时候，少用诗歌这种形式；在情绪增长的时候，要多使用；只有在情绪极为高涨的时候，才是尽量采用诗歌这种形式的时候。如果这些原则都没有遵循，那么结果不是空洞高调，就是庸俗打油。如果对这些关注不够，就会做出说教式的诗。正是因为人们很少彻底地遵守这些原则，我们才有了这么多的艺术性极差的诗歌。

任何一种艺术家，不能只是不熟悉他所表现的现象的规律，就无法创作出真实的作品，还一定要知道他作品的各个特点是如何影响观众和听众的；这个问题属于心理学的范畴。显然，任何一个艺术品所产生的印象，都是以接触它的人的心性为转移的；这些心性既然存在一些共同的特点，那就一定会存在与其相适应的一般原理；而只有遵照这些原理，才能成功地创作出艺术品。除非艺术家可以看出这些一般原理是如何产生的，否则他都无法对其有充分的了解，更别说应用了。问一幅画的构图如何，实际是问看画的人的知觉感情是如何为它所影响的。问一出戏编得如何，就是问戏里情节的安排是不是恰当地照顾到了观众的注意力，是不是恰当地避免了过分刺激任何一类的感情。

同样的，在对诗歌或小说的主要部分进行构思时，在斟酌组成一句话的每个单词时，效果的好坏，就看是否使用了让读者少费精力和不过分受刺激的技巧。每个艺术家在他的教育和日后生活中都形成了一套调节自己的实践的准则。这些准则归根到底都会归结到心理学的原理上。只在熟悉了这些心理学原理和有关推论的时候，一个艺术家才可以让自己的创造和它们相符。

我们从来都不相信科学可以培养出一个艺术家。我的观点是艺术家一定要了解客观和主观现象的主要规律，但是不是说这些规律的知识就能够取代自然的知觉。不只是诗人，所有的艺术家也都是天生的，而不是人为的。我的主要主张是，天生的能力一定要借助于系统的知识。直觉可以做的事很多，然而不是什么都能做。只有天才和科学结了婚，结果才能是最好的。

我们在前面已经说过了，不只是创作艺术需要科学，充分地欣赏艺术，同样也是需要科学的。一个成人之所以能够比儿童看出更多的图画里的美，还不是因为他对图画所表现的那些自然或生活中的真理了解更多？欣赏一首好诗，一个受了教育的绅士之所以会比蠢汉高明得多，还不是因为他广泛地认识了事物和活动，这让他在诗中可以见到众多那蠢汉看不见的东西？如果一定要对所表现的内容多少有一些了解，才能欣赏那种表现的形式（这里已经表明了，就是这样的），那么要充分欣赏某种表现形式，就一定要对它所表现的内容有充分的了解。实际上，一件艺术品多表达一分真理，观众、听众和读者的内心就会多一分愉快，那些不知道这些真理的人，就得不到这些愉快。任何一种具有一定分量的作品，艺术家指出的现实多一些，他能够触动某些方面的能力就高一些，能够启发的观念也就多一些，给人们的满足也会多一些。不过要想得到这些满足，一个观者、听者或读者就一定要知道艺术家所指出的现实；而要想知道这些现实，就得具备那些科学知识。

接下来，请我们不能忽略另一件大事，即科学不只是雕塑、绘画、音乐、诗歌的基础这么简单，科学本身就是富含诗意的。现在流行的将科学与诗歌放在对立面的观点是错的。作为不一样的意识形态，说认识和情绪在某些情况下相互排斥，当然是对的。思考力的极端活动容易让感情迟钝，感情的极端活动同样容易让思考力迟钝，当然也是对的；从这个角度来说，各种各样的活动都是彼此对抗的。但是如果说科学的事实一点儿诗意都没有，或者说科学的修养就一定对想象的运用或美的爱好不利，那就是错的了。正相反，科学正是在那些不懂科学的人眼中一片茫然的地方开辟出一些富含诗意的领域。研究科学的人总在和我们说，他们体会所研究的对象中的诗意，并没有不如别人鲜明，反倒是更加鲜明清楚。任何看过休·米勒的地质学著作的人，或者看过刘易斯的《海滨研究》的人，都会发现，科学根本不是在扑灭诗意，而是相反，是在激发诗意。

每一个了解过歌德生平的人，都能看出来，诗人和科学家能够并存，并从事同等分量的活动。如果说一个人研究自然研究得多了，对它就不那么尊敬了，这难道不是荒谬的吗？你设想一滴水，在俗人看来，这只是一滴水而已，但是一个物理学家却知道它的元素是由一个力量集结在一起，而那力量一旦突然释放时，都可以引起闪电，在他看来，那滴水会失掉什么吗？在普通人不经意地看来，雪花也不过是很普通的东西，但是对于一个曾通过显微镜中看见了奇妙多姿的雪结晶的人，你确定雪花不会引起他一些较高的联想吗？一块上面有些平行线划痕的圆岩石，对一个无知的人和一个了解一百万年前冰河曾在这岩石上滑过的地质学家来说，你觉得这块圆岩石能激起同样多的诗意吗？事实上，一个从来没有做过科学探讨的人对于他四周的诗意，大多数的情况下都是茫然无知的。一个人如果在青年时代没有采集过植物和昆虫标本，那么乡间小道、树丛能带给人的莫大乐趣，他有一半都不会接收到。没有寻找化石经历的人，就几乎不会知道发现那宝藏的附近有些什么带诗意的联想。住在海边，但却没有显微镜和养鱼箱的人，就还要从头了解海滨能带给他的最大乐趣是什么。看到许多人忙于细枝末节却将最宏伟的现象忽视了，实在令人伤心。他们没有想过去探求了解天体的结构，却埋头研究和苏格兰玛丽女王私生活有关的无聊争辩！他们去为了一首希腊诗歌而考证辩论，但却对地球的表面的伟大史诗不瞧一眼！

所以我们看出来了，就是为了人类活动中剩下来的这一部分，正确的准备工作还是得依赖科学的文化。我们看出来了，美学通常都要以科学原理为根基，而只有了解了这些原理，工作才能获得完全的成功。我们看出来了，批评或者欣赏艺术品，都需要懂得事物的组成，也就是要懂得这里面的科学。我们不只看出来了科学是为所有形式的艺术诗歌服务，而且科学本身就极其富有诗意。

到这里，我们的问题是从指导人类活动的角度来看各种知识的价值。现在我们要从训练方面来对各种知识的比较价值进行评判。题目的这一部分要说得相对简单一些，不过好在也不用长篇大论。既然已经知道为了一个目的什么是最好的，那么我们就能够推论到为了另一个目的什么是最好的。我们可以肯定，最适宜增强能力的心智练习，就包含在获得那些调节行为最有用的各类知识当中。如果需要一种培养来获得知识，又需要另一种培养来进行心智练习，这样才是和自然的巧妙高效原则完全不符的。在整个生物界里，我们随处可见能力通过发挥原定的作用，而不是通过一些为了准备这些作用而制定的练习而获得的发展。在追击动物的过程中，印第安人获得了让他成为顶级猎手的敏捷性和灵活性；而从他生活中各项活动所获得的体力平衡，要好于任何操练所能给予的。在长期的实践里获得的追踪野兽或敌人的本领，就包含一种知觉敏感，这种技能远远超过任何人为训练所能给予的。其他的情况也和这个差不多。从那些因为经常辨认要追赶或者逃避的远距离事物而获得了远视能力的布西门人，到通过日常练习而可以同时加几行数字的会计员，我们都可以得出结论，熟练的技能，来自完成生活条件所要求的职责。我们不妨先设定这条规律对整个教育都是适合的。在指导上最有价值的教育必然同时在训练上也是最有价值的。让我们来看看具体的例子。

据说，在普通课程中占显著地位的语文学习有个优点，那就是可以提高记忆力。通常认为这一点是文字学习所特有的优点。但是事实上，科学为练习记忆提供了更广大的园地。要将太阳系的所有事情记住已经很不简单了；要将和我们所在的银河有关的已知一切都记住就更难了。化学中越来越多的化合物，多得也只有化学教授才能数得清；而要将所有这些化合物的原子结构和亲和力都记住，对不是以化学为终身职业的人来说，几乎是不可能的。地球外壳所表现大量的现象，还有其中化石所呈现的更大量的现象，就是地质学研究者需要进行多年的钻研，才可以掌握的事。在物理学任何一个主要的组成部分（声学、力学、热学、光学、电学），事实多得会让任何一个想将这些全都学会的人感到恐惧。我们再来谈一下有机物的科学，这在记忆上需要更大的努力。只讲人体解剖学的内容，就有这么多的细节，以至于每个想要将这些细节牢记的青年外科医生，都得下五六遍的工夫才行。地球上，植物学家辨认出了三十二万多种的植物，而动物学家研究的各种动物，估计差不多有两百多万种。科学家面前积累了这么多的事实，因此只有进行详细的分工，才能开展研究。每个人除了具备本部门的充分知识外，只能再掌握一些相关部门的一般知识。科学就是只学到大致不差，肯定已经进行了合适的记忆练习。至少，它在对这个能力的训练上，是和语言一样好。

　　不过现在应该注意，仅就训练记忆这一点来说，科学即使没有比语言更好，至少也是和它一样好；而从所训练的那种记忆的角度来说，科学则要优越得多。在学语言的时候，心中要形成的观念联系大部分是符合一些偶然事实的；而在学科学时，心中要形成的观念联系多数是符合一些必然的事实的。从某一点看，字句和意思的关系当然是自然的；这些关系的起源能够向上追溯到一定的距离，虽然很少能追溯到起点；而这个起源的规律，就组成了心智科学的一个分支——语言科学。

　　但是因为不会有人主张在通常学习语言的时候，要一直追溯字句和意思的自然关系，对它们的规律进行解释，我们就一定要承认，通常是当作偶然关系来学的。在另一方面，科学所表明的关系是因果的关系，如果教得对，学生也是照因果关系这样理解的。语言让我们了解了一些不含推理的关系，而科学让我们了解了一些推理的关系。一个只是对记忆进行了练习，另一个却是同时对记忆和理解进行了练习。

其次要注意，作为一种训练的手段，科学还有一个地方比语言优越得多，那就是它还培养了判断力。法拉第教授曾在皇家协会发表了一篇关于智慧的演讲，里面说得很好：关于智慧，一个最普通的毛病就是判断力的缺失。他说："整个社会不只是不知道判断力如何培养，而且还不知道它自己不知道。"他认为之所以会有这种情况，是因为缺乏科学的培养。显然，他这个结论是正确的。要想正确判断周围的所有事物、事件、后果，前提条件是知道周围现象是怎样相互依存的。无论怎样熟悉字义，都无法保证一定会作出正确的因果推论。只有经常根据材料得出结论，再通过观察和实验来检验，才有正确判断的可能性。科学的一个最大的优点，就是它让这种习惯成为必需的。

科学不仅仅在智慧训练上是最好的，在道德训练上也是很好的。在学习语言的过程中，如果产生了影响，就容易让对权威已经有些过分的尊敬更增强了。这个这个就是这些字的意思，教师或字典是这样说的；那个那个就是这件事的规则，语法里是这么讲的。在学生那里，这些是当作确定无疑的定论来接受的。他内心的态度一般是对这些教条式的教学表示屈从。而这会产生一个必然的结果，那就是对任何定论都囫囵吞枣地接受了。科学的培养，就会由此产生一个和这个完全相反的心智情调。科学经常要求每个人都用理智来分析、判断事物。人们不应该只是根据权威来接受科学的真理，而是每个人都可以自由地进行检验；不只是这样，一般还要求学生自己得出结论。他要对科学研究的每一个步骤进行判断。在他还没有见到一件事的真实性以前，并没有要求他接受。这样就让他对自己的本领有了信心；由于自然一贯地支持他的正确推论，那信心就进一步得到了增强。从这一切来说，他就得到了独立性，而这是品质众多的因素中最有价值的那个。科学的培养所赐予的道德上的益处并不是只有这个。如果尽量在独创研究的方式下开展工作（本来工作也应该经常这样做），还能培养一个人坚毅和诚实的品质。廷德尔教授在对归纳研究进行分析时说过："那就要求耐心苦干，自然所展示的东西，就虚心诚恳地承认。成功的首要条件就是真正的虚心，对自己的所有敝帚自珍的成见，只要看出来了是和真理相冲突的，都愿意放弃。相信我所说的，一种前所未闻的、相当高贵的忘我精神，一般是通过科学的真实信徒的个人经验表现出来的。"

所以我们得出结论，为了训练，也为了对人类的活动进行指导，科学都是拥有其最主要的价值的。从各方面影响的角度来看，学习事物的意义要远高于学习字句。无论是为了理智的、道德的训练，研究周围的现象的优越性，都要绝对高于研究语法字义。

这样我们就可以回到一开始所提出的问题，什么样的知识是最有价值的，这个答案就是科学。这是综合各个方面的考虑而得出的结论。为了直接保全自己，为了维持自己的生命和健康，最重要的知识是科学。为了间接保全自己——可以称为"谋生"——价值最大的知识是科学。为了正当地将为人父母的职责完成，可以进行正确指导的是科学。为了可以解释过去的和现在的国家生活，让每个公民可以对他的行为进行合理的调节，这把必需的、不可缺少的钥匙是科学。同样的道理，为了可以完美地创作各种艺术，为了可以充分地欣赏各种艺术品，需要的也是科学。而为了智慧、道德训练的目的，效率最高的学习依然是科学。开始好像非常麻烦的问题，在我们的探讨之后，变得相对简单了。我们没有必要去估量各种人类活动的重要程度和在各方面给我们做准备的不同学科；这是因为我们已经看见，从科学的最广义来看，学习科学是所有活动的最好准备。我们也没有必要在价值较大但只是习俗的价值的知识，和价值较小但是具有内在价值的知识之间进行取舍，因为我们已经看出来了，在别的方面价值最高的知识，就是最有内在价值的；它的价值并非凭借舆论而得来的，而是和人与周围世界的关系类似，是固定不变的。既然它的真理是必然的，也是永恒的，那么一切的科学就通常都是和一切人有关。在现在和遥远的未来是一样的，人们对和身体、心智、社会方面有关的科学进行了解，对他们的行为调节的价值肯定是无法估量的；而他们应该对一切其他科学进行了解，作为生活的科学的入门。

然而，这个重要性高于其他一切的学习，在一个自夸有教育的时代中，却几乎没有人关注。尽管被我们称为文化的东西，如果没有科学根本就不可能产生，在我们所谓的文化训练中，科学几乎都算不上一个明显的因素。虽然因为科学的进步，原来只够几千人生活的地方现在生活着几百万人，但这几百万人当中，能对让他们可以生存的东西表示关心的，却只有少数的几千人。虽然因为事物性质和关系的知识的增长，已经不只让游牧部落变成人口众多的国家，而且还让这些国家中的无数人过上了舒适和愉快的生活，这种生活是他们的少数赤身裸体的祖先不能想到或者说无法相信的；然而就是这种知识，还只是在迫不得已的时候，才为我们的最高学府所勉强承认。因为逐渐认识了一些现象中始终发生的并存情况和先后出现的次第，因为找出了一些固定不变的规律，我们才有摆脱严重迷信的可能。如果没有科学，我们就会还在拜物，或者当众牺牲人命，以此来祈求神鬼的保佑。

　　这里可以套用一个东方寓言，我们可以说在很多知识的家庭中，科学就是一个家庭苦工，默默无闻，身上隐藏着一些没有得到公认的美德。所有的工作都被归到她的身上，所有的便利和满足，也都可以归因为她的技能、智慧和忠诚，而在一直努力为他人服务时，她却始终被压在后面，让她那高傲的姊妹可以向外界卖弄她们的漂亮。这个比喻还能够再进一步。这是因为我们马上就要到这场戏的结尾了，是时候变换位置了；当这些高傲的姊妹遭遇她们应该遭遇的冷落的时候，被公认为最美、最有价值的科学，就要出来统治一切了。

第二章
体育

　　乡绅们在宴会结束、女士们退席以后，农民们在乡村酒店里或普通集市上，除了谈论现在的政局，豢养动物是另一个最能引起兴趣的话题。狩猎完毕、骑马回家的时候，人们的话题总是转会到养马、畜种和对某个"优良特征"的品评上；去了郊野一天，很难不聊一聊养狗。佃户们出了教堂，路过田野，谈话的主题很自然会从对牧师讲道的评论转到对天气、收成、牲畜的评论上，然后又会聊起来各种饲料和它们的饲养价值。霍奇和贾尔斯交流了各自养猪经验，流露出他们对主人们的牲口以及这种那种办法的效果非常关心。喜欢谈论狗窝、马房、牛栏、羊圈的不只是农村居民。在城镇里面，那些养狗的手工业者，富裕、能够偶尔去狩猎的青年人，还有那些喜欢静坐谈论农业进步，或者喜欢看梅奇先生的年报和凯尔德先生写给《泰晤士报》的通讯的老一辈，加起来也不是一个小数字了。全国的所有成年男子里，对养育和训练这种或那种动物有些兴趣的是大多数。

　　然而，在茶余酒后或者别的类似的交际场合，有谁听到过有人谈起如何养育儿童的事？一个乡绅每天都要去马房巡视，要亲自检查照料马匹的情况，他还会去看小牲口，给予饲养员一些指导，那么他多长时间才会去一趟育儿室，查看一下饮食、生活制度还有通风的情况？

在他的书架上，有怀特著的《马医学》，有斯蒂芬斯著的《农庄手册》，还有宁姆洛德著的《猎人情况》，这些书的内容他也多少了解一些；但是，和管理婴儿和儿童有关的书，他又读了几本呢？

油饼在牲畜育肥方面的作用，各种牧草的比较，苜蓿过多会有什么害处，是每个地主、农家、农夫都清楚的。然而他们当中，曾经问过他们给孩子们准备的饮食，是不是符合正在生长的儿童的身体需要，又有百分之几呢？或许我们可以这样说，这种反常现象出现的原因，是这些阶级一心只是在谋利。但是这个解释非常不充分，因为在别的阶级里也有同样的对比。在一二十个城镇居民中间，不清楚刚吃饱了的马不能拉着去跑的一定非常少，但是就在这一二十个人里面，如果他们都当了父亲，要想找出一个曾经考虑过是否在儿童吃饭后隔了一段够长的时间，才让他们做功课的，就非常难了。追问一下，几乎所有的人都会暴露，在他的内心深处，他其实觉得育儿的事和他没有关系。得到的回答通常都是"啊，这些事都被我交给妇女们去管了"。很多时候，答话的语调就意味着照管这些事，于男性的尊严有损。

只要不从习俗的观点来看这些事就会觉得真的很奇怪，为什么这些受过教育的人，愿意花时间和思考在饲养第一流的阉牛上，却都默认教养良好的人这件事并不值得他们关注呢？大家都觉得，一些基本只是学了语文、音乐和社交的妈妈，在一脑门古老成见的保姆的帮助下，就可以对儿童的饮食、衣着和运动进行安排了呢？与此同时，做父亲的却在看相关的书籍，出席农业会议，进行相关实验，目的就是为了找到如何让猪肥壮而得奖的办法！为了培养出一匹能在达贝赛中得胜的马，人们能够耗费无穷的心机；而为了造就一个现代运动员，却完全不管不顾。如果格利弗所叙述拉普塔岛人的奇事中，有一段是他们彼此比赛，看谁可以将其他动物的后代养育好，而不在意自己的后代是否得到了很好的教育，那么这一段也足可以和他所说的别的那些奇闻相媲美了。

然而这是一件非常严肃的事情。这个轻重对比非常可笑，它所表明的事实也非常严重。一个富有启发性的作者曾经这样说过，一个人要想取得成就，一定首先"成为一个好动物"，而成为一个好动物组成的民族，是民族繁荣的首要条件。不仅战场上的胜负总会由士兵的健壮程度决定，商场之间的竞争，也部分取决于生产者的身体耐力。直到现在，我们还没有理由担心我们和在这两方面较量体力，会输给别的种族。

然而现在已经出现了一些迹象，我们已经离强弩之末不远了。现代生活中的竞争非常尖锐，以至于能够经受负担而不受损伤的人很少很少。经受不了高度的压力而崩溃的人数以千计。如果这样的压力继续增加（情况好像就会是这样），那即便是最结实的身体，也要面临着严峻的考验。所以，在训练儿童的时候，让他们不只在心智方面为所面临的斗争做好准备，也在身体方面做好承受得起过度损耗的准备，就显得十分重要了。

幸运的是，这件事现在已经开始引发了关注。金斯利先生的著作就在反击过度的文化培养；可能和一般反击一样，他的反击稍微有些过火。报纸上偶尔读到的通讯和评论，也显示出现在大众对体育锻炼产生了兴趣。有一所学校是新成立的，很有意义地给自己加上了一个外号："肌肉基督教"，这表明，大家已经意识到了现在带小孩的方法没有很好地照顾到身体的福利。显然，讨论这问题的时机已经成熟了。

现在我们需要做的，就是让育儿室和学校的制度与为现代科学所公认的真理相符。是时候将我们的牛羊从实验室研究所获得的那些好处，分一些给我们的孩子。我们并没有质疑练马喂猪的重要性，我们的主张是，造就生长得好的男子和妇女也是一样的重要，也应该将那些理论指出和得到实践证明的结论付诸实行。将这些观念扯在一块，没准会让不少人感到吃惊或见怪。然而人类和低等动物都是同样为有机规律所支配，这个事实是无可辩驳的、必须承认的。无论是解剖学家、生理学家还是化学家，都会毫不迟疑地对这一点表示认同：动物生命过程的普遍原理，和人的生命过程的普遍原理一样。老实地承认这个事实并非没有益处；那就是可以从对动物的观察和动物实验中得来的概括，用在指导人类上。生命的科学尽管还非常粗浅，不过已经发现了所有有机体（包括人类在内）发育上的某些基本原理。我们现在将要做的，也是我们要努力做到某种程度的，就是对这些基本原理和儿童青年身体训练的关系进行研究。

在社会生活的各个部门都能够发现节奏性的倾向，比如革命以后出来专制，或者在我们这里，改良的时代和保守的时代交替出现；放荡的岁月后会出现一段禁欲时期，过一段时间再反过来；在商业发展过程中，通货膨胀和经济危机不时卷土重来；追求的时髦，经常从一个极端走向另一个极端。这个节奏性倾向对我们的饮食习惯也产生了影响，进而还影响了年轻人的膳食。一段以大吃大喝闻名的时期后，就会有一个比较清淡的时期，以滴酒不沾和全吃蔬菜的形式，表示对过去放纵生活的极端抗议。成人的生活制度中有了这样的变化，男女儿童的生活制度也会跟着变化。在过去，人们都认为孩子们是吃得越多越好；直到现在，我们在农家和传统观念遗留较多的边远地区，还能够看见家长在劝儿童尽量多吃。但是在有教养的阶级当中，却不是这样的，他们所表现出来的是一个相反的、趋向节食的主张，显然是趋向于让儿童吃得不是过多，而是过少。在对待自己的子女时，人们的表现显然是讨厌过去的大吃大喝，但是在对他们自己身上，没有明显的这个表现；因为在他们个人的行为上，他们那装模作样的禁欲主义受到了食欲的牵制，而在管孩子们的时候，却毫无羁绊，得到了充分的发挥。

大家都明白，吃得过多和过少都是不好的。不过将这两个相比，还是后者更坏。一个很有权威的人曾经这样说过："偶然吃得过饱的影响比营养不足的影响小得多，而且还很容易纠正。"

此外，只要儿童们没有受过不适当的干涉，过饱的情况其实是很少发生的。"饮食过量好像是成人的问题，而不是少年的，只要养育他们的人不犯错，青年人几乎从不贪吃或挑食。"被许多家长视为必需的、限制儿童饮食的做法，实际上既没有充分的观察作为根据，在推理上也站不住脚。和国家立法的问题是太多的类似，育儿室立法的问题也是太多了，这其中害处最大的一条就是限制食物的分量。

"难道说要让孩子们随便吃？难道要让他们见了好东西就吃到撑，胀出病来（他们肯定会那么做的）？"按照这样的说法，这个问题只能有一个答案。然而这样的问题就对所争论的问题，预先设了一个假定。我们的主张是：食欲既然对所有较低等动物来说是个良好的引导，既然对婴儿来说是个良好引导，既然对病人来说是个良好引导，既然对于散处各地各种族的人来说，都是个良好的引导，既然对每个生活健康的成人来说，是个良好引导，那么就可以得出结论，食欲对儿童来说，同样也是个良好的引导。如果到这里就靠不住了，那才真的是怪事。

有人可能对这个回答有些不耐烦，认为可以列举出一些和它完全相反的事实。如果我们不承认那些事实是有关系的，好像就过不去。然而我们这个仿佛和现象矛盾的论点是非常有道理的。其实事情的真相是这样的：这些人想举出的饮食过量的例子，虽然表面上看起来，好像在鼓励节制饮食，实际上正是那种办法的后果。它们都是禁欲制度所导致的纵欲的反应。它们在小范围里说明这样一个公认的真理：那些早年接受最严格管教的人，在日后的生活当中，非常容易流于极端放纵。这个可以和在尼姑庵中一度数见不鲜的可怕现象相比：一些尼姑从极端的严肃，突然就堕落到几乎是妖魔般的腐化。这不过是长期没有得到满足的欲望所拥有的无法控制的猛力的表现。考虑考虑普通的嗜好和儿童所受的普遍待遇。孩子们几乎都非常喜欢吃糖果。一百个人里，差不多能有九十九个人都会觉得那不过是好吃，应该和其他感性欲望一样予以劝阻。

然而生理学家，因为他的发现让他越来越尊重事物的安排，就考虑到喜欢吃糖果是不是在一般假定的原因以外，还有其他的道理；而他去研究了以后，就证明这种怀疑有理由。他发现了糖在生命过程中的重要作用。体内的糖和脂肪最终都要氧化，而同时释放出热能。不少别的化合物必须要还原成糖的形式，才能成为可以释放热能的食物，糖的这种过程是在身体里进行的。淀粉在被消化的过程中变成了糖，而且克劳德·伯纳先生曾经证明出肝脏就是一个工厂，将别的食物成分变成了糖。糖对于人类如此必需，因此在缺乏别的来源时，甚至能够用含氮的物质转化成糖。当我们将儿童非常喜欢吃糖这个有价值的热能食物这件事，和他们一般都不怎么喜欢那个氧化时可以释放出最大热能的食物（即脂肪）联系起来，我们就有充足的理由想到，这是在以有余补不足；有机体之所以想要较多的糖，就是因为它无法对付太多的脂肪。再者儿童喜欢植物酸，喜欢吃各种水果，没有更好的，那就大嚼半生不熟的醋栗果和最酸的野苹果。植物酸只要摄入得不过量，就不只和矿物酸一样都是好补品，以自然的形式吃还有别的好处。安德鲁·科姆博士说："大陆上的人们让儿童随便吃已经成熟的水果；那是非常有好处的，特别是在肠胃不好的时候。"我们由此看出来，一般对待儿童的办法，都是和他们的本能要求不协调的。他们有两个欲望十分突出，很可能都是身体上的某种需要的表示，然而我们不仅没有在育儿室里的安排中注意这两点，而且还存在一个普遍倾向，那就是让他们无法得到满足。常常早晨让他们吃牛奶面包，晚上是面包黄油还有一杯茶，或者其他同样无聊的饮食，多少照顾一下口味的做法，都会被视为是不必要的，甚至是不对的。后来结果怎么样？到了节日的时候，好东西供应充分，或者有人给了他们零花钱，让他们可以去糖果店随便买，或者碰巧有机会去果园乱跑的时候，那个长期没有得到满足从而无比强烈的欲望，就会让他们过量地吃。那时的即兴狂欢，一部分是因为从过去的约束中得到了解放，也有部分是因为心里清楚明天就会又开始大斋期。到了饮食过量而得到恶果时，有人却诡辩说，绝不可以让儿童为他们的食欲所引导！人为的限制本身所导致的惨痛结果，却用来作为继续限制必要性的证据！所以我们主张用这种推理来为进行干涉的办法申辩是错误的。我们的意思是，如果每天让儿童吃一些满足他们生理上需要的、比较有滋味的食物，他们就再也不会像现在这样，一有机会就吃过量了。如果按照科姆博士所建议的那样，将水果"作为正式食品的一部分"（他建议不在两餐之间，而是在进餐时吃水果），他们也就不再会有大吃野苹果和黑刺李的渴望了。别的情况也是一样的道理。

　　不仅是在道理上有充足的理由相信儿童的食欲，同时，实际上也没有别的可以相信的引导。现在家长的判断代行调节的职务，那判断到底有什么价值？当"奥利弗还要吃"时，妈妈或女教师说"不行"，她这样说，依据是什么？我想他吃够了。她这样想，又是依据什么？她和那孩子的胃脏是否有什么默契？她是拥有超人的、能发觉他身体的需要的视力吗？如果没有，那么她是凭什么做出这个决定？她难道不清楚躯体对食物的需要，是由很多复杂的原因所决定吗？天气的冷热，空气中湿度和气压高低，都会产生影响；还有所进行的锻炼，上一餐食物的种类和分量，以及消化的快慢，也都有所影响。他是如何计算出这些原因综合的结果的？

　　有个五岁男孩，身材能比同龄的不少孩子高出一头，匀称健壮，面色红润，性格活泼。他的父亲这样说："我找不出什么人为的标准，可以作为给他食物的依据。如果我说'这么多就够了'，那其实是我的猜测；猜错的机会和猜对的机会一样多。既然猜测不可信，那我就让他吃个够好了。"而任何一个根据效果来衡量他的做法的人，都会承认他的做法是正确的。老实说，有不少家长很有把握地为儿童规定食量，恰恰证明他们一点儿都不懂生理学；但凡多少懂一点儿，他们都会比较虚心。"和无知的自负比起来，科学的自负还只能算是谦虚。"如果任何人想弄清楚我们应该如何少相信人的判断，而多相信事物的预定安排，让他去将没有经验的医生的鲁莽和最老练的医生的谨慎作下对比，或者让他看一下福伯斯爵士的著作《治病的性质和艺术》，他就会知道了，人们对生命规律知道得越多，对自己的相信就会越少，对自然的相信越多。

从食物的数量问题转到质量问题，我们也依然能看出来禁欲的倾向。人们都认为儿童的饮食，不仅仅应该限制分量，还应该营养比较低。通常的观点是他们只应该吃少量的肉食。如果是不那么富裕的阶级，这个观点仿佛是从节约的角度出发，有了节约的愿望，就产生了少吃肉食的看法。那些买不起太多肉的父母，在面对孩子们吃肉的要求时是这样答复的："孩子们吃肉不好"；这个原来没准只是一个方便的借口，久而久之，就成了一条靠谱的信条了。如果是经济开支不成问题的阶级，那么一部分父母的想法是在面临多数人的做法而出现了动摇，另一部分则是受了来自较低阶级的保姆的影响，也多少是由于对过去肉食过多有反感，所以也有一样的观点。

然而要是追问一下这个意见的依据，通常是很少甚至干脆没有。这是一个并没有什么依据，仅仅经过大家的重复就被接受了的教条，就像几千年来，都认为一定要将婴儿层层包裹起来的教条一样。对肌肉能力还较弱的婴孩胃脏来说，需要相当的研磨才能变成糜浆的肉类很可能并不是合适的食物。但是这个原因不适合去了纤维部分的肉食，也不适合两三岁的、胃脏已经有了一定肌肉力量的儿童。

能够支持这个教条的证据，不过是在很小的孩子方面有部分的正确性，在年龄较大、通常还在照这教条来管理的孩子那里并不成立；而能够证明这教条错误的证据却是大量的而带有结论性的。科学的判断和一般的意见彻底相反。我们问过两个第一流的医生，还咨询过几个出色的生理学家，他们都对这个结论表示同意：儿童饮食的营养应该不低于成人，要有区别的，还应当比成人高。

这个结论，根据十分明显，道理也十分简单。只需要将成年男人和男孩子的生命过程做一下比较，就可以看出儿童要求的营养要比成人多。人要食物，目的是什么？他的身体每天消耗多少：因为肌肉用力的消耗，因为心智活动而产生的神经系统的消耗，内脏发挥生活功能的消耗；由此而遭到破坏了的组织都得重新补充。每天他的身体还以对外辐射的形式散失的大量热能；为了维持生命的活动，必须要保持一定的体温，就要经常产生热能来对这个损失进行补充；因此，身体的某些组成部分始终在氧化。补充一天中的消耗，为一天所需的热能供给燃料，这就是成年人需要吃东西的唯一目的。

现在再来看一下男孩子的情况。他也在动作中消耗了自己身体的物质，只要观察一下他那不停的活动，就会看见按体积比例他的消耗通常和大人一样多。他也通过辐射散失热能，因为按照比例，他的身体露在外面的面积比成人的大，所以散热就比较快，按体积算的话，他所需要的产生热能的食物也就比成人多。因此即使儿童只需进行和成人同样的生命过程，按个子大小比例算，他需要的营养就已经比成人多了。然而除了补充身体的消耗和维持体温这两项外，孩子还要长大，还要增加新的组织。在完成消耗和热能损失的补足后，剩余的滋养就用来让他的躯体继续成长；有剩余的营养他才能正常生长。如果这个条件比较缺乏，发育有时也能照常进行，不过因为补偿不足，身体就会比较虚弱。当然，因为一个无法在这里说明的力学规律，在"维持"和"损害"双方的力量对比上，比较大的机体更有优势，而正是因为有这个优势它才能生长。不过承认了这一点，只能让我们更清楚，虽然一个人可以经历不少伤身的机会而不致让这个富余的生命力消失得非常厉害，但是任何一个伤身的机会都因为削弱了这个生命力，一定会让个子长不了那么大，或者身体构造没有达到那么完美。正在发育的机体是多么地迫切需要食物的补充，这一点能够从"学龄儿童的饥饿感"总是较强、还有食欲总是恢复得较快这两件事上看出来。假如还要更多的证据来对这种额外滋养的需要来进行说明，我们可以用这个事实作为证据：在行船遇难或其他灾难导致的饥荒中，先饿死的总是一些儿童。

既然无法否认儿童需要较多的滋养，那么剩下的问题就是，在对这个需要进行满足时，我们是用过量的所谓的稀淡食物呢，还是用适量的浓缩食物？从一定重量的肉类里获得的营养，如果换成面包，那就要较大的重量，如果是马铃薯，那得更大量了，其他都能以此类推。为了满足能量的要求，如果营养的价值减少，那就要增加分量。那么，对于处在成长中儿童的额外要求，是给他们数量合适的、同成人一样好的食物，还是不顾对他的肠胃来说，就算是这种好食物也已经需要比较大的分量的事实，去给他更大量的、营养价值较次的食物，来再加重他的肠胃负担呢？

答案非常明显。在消化上节约的劳动越多，就会节约下来越多的力量，留给生长活动。如果没有大量血液和神经力量的供应，肠胃也不能正常工作；成人在饱餐一顿后会感觉比较懒散，就是这些血液和神经力量，是在让系统整体吃亏的情况下供应胃脏的证明。如果从大量的缺乏营养的食品中获得应有的营养，那么和从适量的、富有营养的食品获得相比，内脏需要做更多的工作。这个例外的工作另一面就是那么多的能量的损失，在儿童当中，这个损失就会以精力降低或发育较慢的形式表现出来，或者两种都有。由此可以得出推论，儿童的饮食应该尽可能既营养丰富，又好消化。

当然，也不能排除事实上，的确有些儿童能够全吃素食或者几乎全吃素食长大。有的属于上层阶级的儿童肉吃得较少，不过也照样长大了，健康状况好像也还不错。很多劳动人民的儿女几乎没肉可吃，可也健康地长大成人了。但是这些好像是反例的，并没有通常想象中的那种力量。首先，早年靠着吃面包马铃薯长大的人，最后不一定都发育健全了；将英国的农业劳动者和绅士，或者将法国的中层和下层阶级进行比较就知道了，素食者并不占优势。其次，不能只看个子大小，质量的好坏也很重要。从外表上看，松弛的肌肉和结实的肌肉一样好，比如一个肌肉松软的孩子和一个肌肉结实的孩子站在一起，从外表上看似乎差不多，但是让他们比一下力气，就知道有差距了。成人的肥胖常常代表虚弱。锻炼总会让人们的体重减轻。所以吃较次食品的儿童的外表并不能作为证据。再次，除个子大小以外，我们还得将精力考虑进来，在吃肉阶级的儿童和吃面包马铃薯阶级的儿童之间，精力这方面形成了鲜明对比。在心智和身体的活力上，农夫的儿子远远不如绅士的儿子。

如果我们进行试验，将各类动物，或者各种族的人，或者同一个动物、同一个人在吃不同食物时的情况进行分析，就可以获得更清楚的证据来说明这个结论：精力的大小主要以食物中的营养为转移。

牛主要吃的是草这样缺乏营养的食物。它一定需要大量的草，所以就要求有一个巨大的消化系统，因此它的四肢和躯干相比就比较小，却负担了巨大的重量；运动这个沉重的躯体，消化这个超量的食物，都要花费大量的能量；因为剩余的力量不多，所以牛这种动物就很呆笨。我们拿马和牛作下对比，马的结构和牛相近，但是它可以吃较浓缩的饮食，所以马的躯干，特别是腹部，和四肢相比就比较小，所以它没有那么大的内脏消耗能量，也没有那么多要消化的食物，所以剩下的力量较多，结果就是马的动作比较有力，也比较活跃。

如果我们再将吃草料的羊的呆板懒动和吃肉食谷类的狗的活泼进行一下对比，就能看出来性质一致、但是程度更大的差别。去动物园一游，就可以注意到那些肉食动物通常都在笼子里不停地来回走，再回忆一下，是不是没有哪种植食动物有这种展示余力的表现？这就可以看出来食物的浓缩和活动量大小之间的关系是多么的明显。

这些差别并不像一部分人所说的那样，是体质的差别，而是由于这些动物下生就要吃的食物所导致的差别。在同类动物中的不同种中，也能够观察到这些差别，这也是这一点推论的证明。就拿各种马来说，将那种肚子大、不活泼、没精神的拉车的马，和一匹腹部窄小、精力充沛的用来竞赛或打猎的马进行比较，再回想一下，它们的食物营养差距有多大。

当我们看到同一个动物可以干多少活，是以它的食物中有多少营养为转移这一点，这论点的力量就更足了。这一点已经在马的例子里得到了证明。放牧虽然可以让马长膘，但是力气要受一些损失，这一点在让它干重活时就能看出来了。"将马放出去吃草，结果导致它的肌肉系统松弛"，"青草能够让牛长肥，好送上司密斯菲的集市卖，但是对于一匹猎马，青草只有坏处。"很久以前，人们就明白如果猎马在田野中度过了一个夏天，那就得在马房喂几个月，跑起来才能跟得上猎狗，而要一直到第二年的春天，这样的情况才能变好。而现代人的做法，是按照阿珀利先生所坚持的原则："绝对不让猎马'吃一个夏天的青草'，而除非是在特殊的和极其有利的情况下，绝对不把它放出去。"这样的做法，实际上就是绝对不给它吃青草这样的次等食物；强力和耐力，都只能来自于富有营养的食物。这个办法是完全正确的，就像阿珀利先生所证明的，长期喂高级的食物，甚至能够让一匹中等的马，具有一匹吃普通食物的第一流好马一样的表现。除了这些证明，这里还可以再补充一个大家都知道的事实，要马加倍地工作，通常的办法是喂它吃大豆，这种食物和平常吃的大麦相比，具有含氮或有利于长肉的东西更多。

再说，这个真理在个别的人身上也同样清楚，甚至还更加清楚地得到了证实。我这里指的不是那些接受体力专门锻炼的人，他们的生活和这个主张当然完全吻合。我们指的是那些铁路工程承包商和他们的工人。长期以来的事实证明，主要吃肉类的英国壮工的工作效率，要比主要吃谷类的大陆的挖土工高得多；这个差距如此之大，以至于综合来看，那些承包了大陆铁路工程的英国承包商，从英国带去挖土工是更合算的。最近，我们可以非常明显地看出来，这个优势是来自于饮食的差别，而非种族。因为当大陆上的挖土工学习了他们的英国同行的生活方式后，他们的效率马上就上升到差不多的水平。此外，我们还不妨举出一个反证，根据我自己的六个月素食的经验，我可以证明，不吃肉，真的会让身体心智的力量都降低。

难道这些证据还不能证明我们的关于儿童饮食的主张吗？难道它们还不能说明，即使假设饮食中有没有营养都能让人们得到同样的身高体重，但是组织的质量却天差地别吗？难道它们不能证明只有吃较高级的饮食，才能够既保证生长，又维持精力吗？难道它们不能证明这个推自道理的结论：虽然不怎么有太多身心活动的孩子，也可能靠主要吃谷类食物对付过去；但是那些每天不仅是要形成定量的新组织、还要为大量的肌肉动作和艰苦用脑的消耗进行补充的孩子，必须要吃营养较多的食物？难道不能得出结论：如果没有吃进去较好的食物，显然会根据身体构造和客观情况，要么让发育吃亏，要么让身体活动吃亏，要么让心智活动吃亏吗？我们相信，那些理性的人都不会怀疑这一点。要不就是在伪装的形式下，相信了那些搞永恒运动的人的荒谬观点，认为力量能够凭空得来。

在食物的问题即将结束的时候，我还要简单地谈一下另一个要求：多样化。在这方面，年轻人的饮食有很多的问题。如果没有像我们的士兵一样被罚"吃二十天的煮牛肉"，我们的孩子们大多数都得忍受一种虽然没有那么的极端和长久、但是显然也同样违反了健康规律的单调。当然得说，他们的午餐食物多少是配了几样，每天也是不一样的。但是周复一周，月复一月，年复一年，早餐总是牛奶面包或者麦片粥。晚餐也总是同样的牛奶面包，或者是黄油面包和茶。

这样的做法违背了生理学的指示。常常出现的食物所引起的腻味，和很长时间没有吃过的东西所带来的满足，并不像人们随便假定的那样毫无意义，而是可以促进饮食的多样化，让它对身体有利。有很多的实验证明，任何一种食物，不管是多么好的食物，都很难按照合适的比例或者形式，为正常的生命过程提供所需要的一切成分；所以为了让所供给的成分能够实现平衡，最好的做法是经常更换食物。生理学家也明白，吃到特别喜欢的食品所带来的愉悦，足以刺激神经，增强心脏的活动，让血液的运行更加有力，从而提高消化的效率。这些真理都是和现代养生办法中规定轮换食物的定理相符的。

需要的不只是定期更换食物，基于同样的理由，每餐食品的配合也很关键。食物中的各个成分配合得当，对神经的刺激较强，这两种情况都是比较好的条件。如果需要事实来证明这一点，我们可以这样说：吃一顿法国式的晚餐，肠胃就比较好消化，因为虽然分量大，但是食材很多样。几乎没有人敢说，同样重量的单独某种食品，不管烹调得有多好，也能好消化。如果谁想了解一些更多的事实，就可以去任何一本关于现代饲养动物的书里寻找。每顿吃几样东西的动物是长得最好的。戈斯和斯塔克的实验"提供了具有决定性意义的证据，说明为了组成一种最适合胃的活动的化合物，混合几种东西不仅仅是有好处这么简单，简直是必不可少的"。

如果有人反对，可能这样反对的人还不少：儿童的饮食还得轮换，每顿还得有好几样的食物，真的是太麻烦了。我们对此的答复是，只要是有利于儿童心智发育的，什么麻烦都不算太大，而为了让他们将来可以幸福，身体发育好是最重要的。再者，有一点看来是既奇怪又可悲：人们为了设法育肥猪，都可以非常愉快地忍受一些麻烦，而到了养育儿童，却嫌太麻烦。

再提醒一下那些打算采取这里指出的办法的人。变革不要骤然进行，因为长期吃低级的食物让消化系统比较虚弱，因此无法马上应对高级的食物。营养不良本身就是导致消化不良的原因之一。连动物都是如此。如果喂小牛犊去了油脂的奶或乳清或其他没有什么营养的食物，它们非常容易消化不良。所以在力气不足时，转向吃营养丰富的饮食一定要循序渐进；力量增加了，才能再加些营养。同时还要牢记，营养的浓化也有过火的可能。好好的一餐应该是这样的：有足够的食物让胃脏吃饱；按照这个要求，如果提供的食物分量不够适当，也是错误的。虽然那些吃得较好的种族的人的消化器官，要小于吃得较差的种族的人的，虽然那个器官日后可能还会更小，但是现在所吃东西的分量，还是取决于现在消化器官的容量。不过在适当照顾到这两方面的情况后，我们的结论是提供给儿童的食物应当是富有营养的，而且在一顿里和连着的几顿里要有变化，还要丰盛。

在衣着上和在饮食上类似，通常的倾向是简单得不恰当。

这里也有禁欲主义冒头的迹象。有一个模糊承认却并没有形成明确公式的流行理论：不要考虑感觉。通常的信念好像认为感觉并非来指导我们的，而是要将我们引入歧途。这是一个非常严重的错误。我们的身体还是安排得非常不错的。引发身体毛病的原因，并不是我们听了感觉的话，而恰恰是没有听它的话。坏处并不在于饿的时候吃东西，而在于不饿的时候吃东西。坏处并不在于渴的时候喝水，而在于已经不渴了还继续喝水。导致伤害的并非呼吸了每个健康人都喜欢的新鲜空气，而在于在肺脏很厌恶的情况下吸进了肮脏的空气。导致伤害的，并非进行了每个孩子都表现出来的、自然大力推动的运动，而在于一贯地不理睬自然的推动。自发的、有趣的心智活动并不会出事，只有在头痛发热要求暂停时却还继续地活动才会出事。愉快地或一般地运用体力对身体并没有害处，只是在困顿不堪时还继续蛮干才是有害的。当然，对于长期生活都不健康的人来说，感觉并非一个靠谱的指导。那些长年被关在室内的人，那些只有脑子动得多而身体几乎不活动的人，那些吃东西都是按钟点而不问肠胃的人，极有可能被他们那些已经受损的感觉引入歧途。不过他们那个不正常的、受损的感觉状态，本身其实就是他们不听感觉指导的产物。如果他们从小就始终听从他们身体方面的"良心"的指导，它就一定不会麻木，相反还会非常敏感。

各种指导我们的感觉中，有冷和热的感觉；给儿童穿衣服时，如果没有仔细考虑到这些感觉就是错误的。对于"锻炼"的通常看法是个严重的错觉。不少儿童被"锻炼"得离开了人世；有些还活着的，也会在生长或体质方面吃一辈子的亏。科姆博士说："他们那个脆弱的外貌，就可以充分地说明这种做法所引发的问题，而他们总生病，就是在警告那些不动脑子的家长们。"

这个锻炼理论所依据的理由都是极为肤浅的。有些富裕的家长看见农家的儿女半裸着身子在野地里玩耍，就将这件事和劳动人民通常都很健康联系了起来，然后就得出了这个毫无根据的结论：衣不蔽体才能健康，并做出决定，自己的子女要少穿衣服！他完全忽略了那些在村里空地上玩耍的小家伙，在很多个方面都是具备有利条件的：他们的生活几乎全都是游戏，整天都在户外呼吸着新鲜的空气，他们的身体并没有因为脑子负担过重而受到影响。和表面上看见的情况相反，他们之所以可以保持良好的健康，并不是因为穿的衣服少；而是因为有了上述的有利条件，就算衣不蔽体食，也满不在乎。我们觉得这才是正确的结论；他们因此被迫散失了体热，结果还是免不了受害。

在体质健全、可以经受得住寒冷时，衣服单薄确实可以让人结实耐寒，可也会得到一个负面结果：在生长上吃亏。在动物和人类中都是这样的。和南方的马相比，苏格兰的薛特兰马能经受更大的风寒，但是却长得矮小。苏格兰高原的牛羊生活环境比较寒冷，发育就不如英格兰种。生活在南极北极地带的人的身高，都照一般人的身高差得远：拉普兰人和爱斯基摩人身材都很矮小；火地岛人可以在严寒地带光着身子生活，达尔文对他们进行描写时，说他们长得这样矮小，十分可怕，以致

"几乎无法相信他们是我们的同类"。

依据科学的解释，这种矮小是因为大量的散热，在食物和别的情况都一样时，这个结果是不可避免的。在前文中已经说过了，为了让身体因为辐射不断降温而引起的消耗得到补充，就要经常氧化食物中的某些东西。越散热，氧化所需要的那些物质的数量也就越多。然而消化器官的能力是有限的。这样的结果，就是它们既然不得不为维持体温的需要准备大量的材料，那么就只能为躯体的生长少准备些材料了。燃料这方面的开支过大，就要削减别的用途的支出。所以结果必然是体格较差，或者是身材矮小，或者是两者兼具。

因此穿衣服特别重要。李比喜曾经说过："从体温的角度说，我们的衣服其实就是一定分量的食物。"热的散失减少了，维持热能所需燃料的数量也就减少了；在准备燃料上的工作较少时，肠胃就能够多准备些别的材料。这个推断可以在饲养动物的人的经验那里得到证明。动物要想可以经受寒冷，一定是牺牲了脂肪、肌肉或毛发，"如果那些正在长膘的牛被低温影响了，要想长膘的速度不放缓慢，那就一定会多消耗食物。"亚培列先生主张要想让猎马的情况良好，马房一定要保暖。养竞赛马匹的人都一致同意，要让马不受风寒的侵害。

这个在人种学上得到了证明、也获得了农学家和竞技者承认的科学真理，如果应用到儿童教育领域，将会释放出更加大的力量。因为他们身材短小，发育迅速，寒冷对他们会有更大的伤害。在法国的冬天，初生婴儿因抱去机关登记而死亡的事情屡见不鲜。奎特列先生曾经指出，在比利时一月份婴儿的死亡量要比七月份高一倍。而在俄国婴儿死亡率更高。尽管在将近长成的时候，发育不良的体格想抵挡风寒也很难，比如在艰苦的战斗中，中青年兵士就垮得非常快。这道理很明显。我们早就说了，因为面积和体积的可变关系，儿童散失的相对热量要比成人大；我们现在一定要指出，儿童所处的这种情况是非常不利的。雷曼曾经说过："如果将按照同样的体重计算，儿童产生的酸差不多是成人的两倍。"排出碳酸的分量和所产生的热量是成比较准确的比例的。这样我们就能够看出来了，即便没有处在不利的情况下，儿童的身体也已经需要几乎加倍的材料供给以产生热能了。

那么请看一下吧，让孩子们穿得单薄是多么愚笨的一件事。哪一个父亲——虽然已经长成大人了，散热也比较慢，除了为每天的消耗进行补充外，并没有别的生理需要了——我们想问，哪一个父亲会觉得光着脖子、胳膊还有腿跑出去是正常的？然而他虽然不想让自己承受这种对身体的苛刻待遇，却硬要更难忍受的孩子去承受！即便他自己没有这么做，也曾经看见其他的人这样做而没有抗议。让他记住，将多少的营养没必要地花在了维持体温上，就会少了多少的营养用在身体成长上；尽管幸免了伤风感冒或别的连带的毛病，还是避免不了发育降低或身体结构不那么完美。

"因此规则应该是：在所有情况下，都按照一成不变的做法去穿衣服是错误的，所穿衣服的种类和分量，应该在任何一种情况下，都可以有效保护身体，让他不至于产生任何轻微寒冷的感觉。"这条由科姆博士专门指出重要性的规则，获得了科学家和医生的认可。具有在这方面下断语的资格的人，没有不大力对将儿童的四肢露在外边这个办法的给予谴责的。那些"害死人的习俗"，在这里比在任何别的地方更应该不加理睬。

我曾经看见一些母亲们因为追随那些不合理的时髦，而让她们孩子的身体受到了损害，真的非常伤心。她们自己模仿法国邻居所愿意提倡的每个花样已经十分糟糕了；还在照着法国时装杂志，给自己的孩子们穿上一些奇装异服，也不管够不够保暖或者合不合适，真的是荒唐透顶。这种做法引起非常大的不舒服，甚至导致发育受阻或者精力受损，夭折的也不少见；而这一切的根源，就在于主张一定要按照着法国的时尚去选材料裁衣服。母亲们不只是为了符合时尚，在给孩子们少穿衣服上对他们构成了惩罚，还形成了伤害；而且因为一个有联系的动机，她们所规定的，也是一种让健康活动无法进行的装束。为了漂亮，所选的材料和颜色都是不适合无拘无束地游戏的；而为了避免损失，索性就不让他们无拘无束地游戏。看见小家伙在地上爬，就马上下命令："赶紧站起来，看弄脏了你的干净衣裙"。孩子离了小路，爬上了斜坡，女教师马上就大叫："快回来孩子，要不会弄脏你的袜子的。"坏处就这样多了一倍。

为了符合妈妈对漂亮的追求，为了获得客人欣羡的眼光，儿童不得不穿一些少量的单薄衣服，而为了保持这些容易损坏的衣着整洁，年轻人那些非常自然的、很需要的不安定的活动就被限制了。在衣服穿得少时对运动的需要就会加倍，但是又因为怕弄脏衣服而遭到了禁止。但愿有这样的想法的人能够看到它的无比残忍！我们可以确定地说，因为削弱了健康，不足的精力和将来生活中的碌碌无为，导致每年都有几千人因为他们的家长不顾一切地去追求外表而断送了幸福；即便他们并没有因为夭折而成为母性虚荣的莫洛克神的实际牺牲品。我们不想提出断然处置，然而事情已经如此糟糕，看来作父亲的不但应该而且必须进行断然的干涉。

我们的结论是：儿童的衣着虽然不应该过多，多到热得难受，但是应该经常让他们不会感到全身寒冷，应该放弃一般用的单薄的棉麻或混织品，而选用像粗毛料一样的保温材料；应该非常结实，让它可以承受得了儿童游戏的用力磨损而不容易破烂；颜色应该十分稳定，不至于穿穿晒晒就褪色了。

多数人都晓得一些身体运动的重要性。可能对于体育的这个要素，不用像对别的那样说那么多，起码对男孩子是这样的。公立和私立学校都可以看到比较合适的运动场，通常规定了不少做户外游戏的时间，也都承认户外游戏是必不可少的。如果其他的方面没有看出来，那么在这方面，大家好像都承认顺应男孩的本能的推动是有好处的；现在一般规定在上下午的长时间上课后，有几分钟的时间进行户外的游戏，确实说明学校规则在一点点地符合儿童的身体感觉。因此在这个方面多提劝告或建议是没有必要的。

不过我们承认上述的事实有一个前提，那就是一定要加上"在男孩子方面"这句话。非常不幸的是，在女孩子方面，则是另一种大不相同的事实。非常巧的是，我们每天都有作比较的机会。我们这里能够看见两所学校，分别是男校和女校，这两所学校比较起来，差别非常大。一所学校将一个大花园差不多全都变成了开阔的、铺着小石子的院子，有供游戏的场地，也还有供体操用的竿子、单杠等器械。每天的早餐之前还有快十一点的时候，在中午、下午，再就是在散学后，男孩子们在外边奔跑玩耍时的叫嚷欢笑，总会惊动四邻。我们的所见所闻都可证明，他们一直都是在专心从事一种促进血液循环、让全身每个器官都健康的愉快活动。

"小姐们的学府"的景象却大不一样！直到别人告诉我们这所学校之前，我们都不知道在像男校一样离我们这么近的地方，还有一所女校。那里的花园和男校的一边大，但是里面没有一点儿年轻人娱乐设备的迹象，看见的只有整齐的草地，散步的小径，和普通的郊区住宅一样，种满了花木。在五个月的时间里，从来没有能够吸引我们的注意力的叫喊声或欢笑声。偶尔看见的，只是女孩子们夹着课本在小径中散步，或者是手挽着手走。有一次，我们的确看到了在花园中，一个女孩在追赶另一个女孩；但是除了这次以外，就再也没有见过任何用力的动作。

为什么会有如此惊人的差别？难道女孩子的体质和男孩子是如此的截然不同，以至于她们根本不需要这些活泼的运动？难道女孩子完全没有进行男孩子的那种好热闹的游戏的冲动？还是因为在男孩子身上，这些冲动应该被视为是一种刺激正当发育所不可或缺的身体活动，而他们的姐妹自然就没有给这些冲动任何的目的，除非是想惹女教师生气？然而我们可能是错误地断定了负责训练温柔女性的人的目的。我们不免要猜测在他们看来，培养得健壮的体魄不是好事，将粗壮的健康和充沛的活力视为粗鄙；而要长得娇嫩，走路不能超过一两英里，吃东西又挑剔量又少，再加上看起来要娇娇滴滴，弱不禁风，这才算是个大家闺秀的样子。我们没有指谁能够明确承认自己有这样的看法，但是据我们揣测，女教师的心目中一定有一个这样的理想闺秀的样子。如果是这样，我们就得承认，现在学校里的做法，是非常适合这个理想的实现的。但是将这个作为异性的理想，就是一个大的谬误了。男人一般不会被男性化的女人所吸引，这当然是毋庸置疑的事实。比较柔弱而需较强力量的保护，是产生吸引力的一个因素，这一点我们完全承认。然而让男人产生这些情感反应的差别，是个自然的、早就已经存在的差别，有没有人为的做作都会表现出来。用人为的做作反而加大了这个差异，它也就不再是吸引人的因素，而是让人讨厌的因素了。

"那么就应该让女孩子去四处乱跑，都乱蹦乱跳、大喊大叫，变成一些和男孩子一样粗鲁的姑娘！"那些循规蹈矩的人们会这样喊叫。这个，在我们看来，正是女教师们所始终担心的。根据调查，好像在"小姐们的学府"里，像男孩子那样每天乱哄哄地进行游戏，是一种过失，应该接受处罚；我们推测之所以禁止这种游戏，是担心养成一些不符合大家闺秀身份的习惯。然而这个担心是毫无根据的。如果男孩子可以的游戏活动并不影响他们都成长为绅士，那么为什么女孩子玩同样的游戏活动，就会影响她们成长为大家闺秀呢？青年人在球场上的游戏难免是有些粗野，他们从学校离开以后，并没有在街上乱蹦乱跳，或者在客厅里打弹子游戏。在将学校的制服脱掉同时，他们也将那些孩子们的游戏放弃了。这样说来，如果到了适当的年龄，这种男性的尊严感可以有效地控制自己，不再玩那些童年游戏，那么难道在将近成年的时候，越来越强的女性矜持感就不能有效地让女孩子们控制住自己，也不再玩那些游戏吗？相比男人，女人更注意自己的外表吗？难道这个不会让她们更有力地制止所有的粗鲁和喧哗吗？那种觉得没有女教师们的严格管教，女性的本能就不会表现出来的想法，真的是极其荒谬！

在这里也和在别的地方一样，想要挽救一件人为东西造成的恶果，又搞出另一件人为的东西。禁止了自然的、自发的运动，缺乏运动的不良后果又是如此地突出，一套人为的运动制度由此诞生，这就是体操。我们承认，这个总比没有活动要强，但是我们不承认体操真的可以完全取代游戏。缺点，可以分成积极和消极两个方面。首先，体操里这些规定的肌肉动作，必然不如儿童游戏中里的动作那样变化多样，做不到将动作平均分配到身体各部分；结果就是，因为某些部位用力多，所以疲乏得快；而且，如果总是在这个特殊的部位重复用力，还会导致发育不匀称。再则，这办法不只因为分配不均匀，同时还会因为比较枯燥，而让运动量不够。

这些单调的动作，尽管不见得因为作成了规定功课让人讨厌，因为它们不好玩、无趣，所以也一定会很费力。诚然比赛是能够产生刺激感的，但是并不会像有变化的游戏的乐趣那样

持久。不过，我还没有说反对它的最有力的理由。从体操所得
到的肌肉运动，不仅是在数量上比较差，在质量方面更差。前
面已经说过了，无趣让人们很快就停下了这些人为的运动；它
同时还让在身体上产生的效果要低一等。通常人都以为身体只
要有了那么多的动作就可以了，是不是引起愉快无所谓。这是
个荒谬的观点。愉快的精神兴奋可以大幅度地提高精力。请看
一下，一个好消息或者老朋友的来访对病人的影响。注意一
下，医生通常都会十分谨慎地建议虚弱的病人多参加一些令人
愉快的社交活动。牢记这样一点，环境变化产生的满足，对于
健康是极为有益的。"快乐是最强的补品"，这是一条永恒的真
理。由于血液循环加快了，它对每一种功能的操作都可以起到
促进的作用，所以已有的健康会得到增强，失去的健康也将得
到恢复。因此游戏和体操相比，是具有本质上的优越性的。儿
童对游戏的极端兴趣，还有他们进行一些比较随便的玩耍时的
痛快，和当时身体上用力的活动一样重要。既然无法供给这些
精神刺激，体操就一定是大有问题的。

即便我们承认体操运动总比没有运动好，也进一步承认作
为补充，它们也还不错，然而我们始终坚持，它们是绝对无法
取代自然所推动的那些运动的。不管是女孩子还是男孩子，要
想让身体幸福，本能促进的游戏活动是必不可少的。谁阻止这
些活动，谁就是在阻止上天规定的身体发育方式。

还剩下一个题目，一个比上面任何一个都需要迫切考虑的
题目。有些人认为，在接受教育的阶级里，年轻人和将要成年
的人的身体状况，都不如他们的老一辈好或者说强壮。起初

听到这种说法，我们不免将它视为又是一种颂古非今老倾向的表现。用古代的甲胄来衡量，现代人是高于古代人的；看一下死亡统计表，也能得出一般寿命并没有缩短，而是延长了，我们就可以忽视这个仿佛没有根据的意见。不过再仔细地观察一下，我们的看法又出现了动摇。如果不考虑劳动阶级的情况，我们观察到多数的情况是子女的身高不如父母的身高；而从年龄差别上作了调整后，在体重上也是同样的结果。医学界的人们说近来人们不如以前的人经得起劳累了。和过去相比，未老先秃的人越来越多。在年青一代里面，早期龋齿的数量也多得惊人。在一般精力上，对比也是一样的显著。上几辈的人即使生活是那么的放荡，然而和现在一代生活比较拘谨的人相比，他们更能承受折磨。虽然他们狂饮晚睡，不讲卫生，没有注意呼吸新鲜空气，但我们的近祖都可以长期辛苦劳作，而没有毛病，甚至到了岁数大时依然精力旺盛。看一下法官和律师的记录就可以清楚地知道了。然而我们这些人，十分关注身体的健康，吃不过饱，饮不过量，经常洗澡，注意通风，每年旅行，而且拥有较多的医学知识，反倒不断地被工作给拖垮了。已经相当地遵循了健康规律的我们，好像反倒弱于那些在不少方面不顾健康规律的祖父们。而从年青一代的外貌和总生病这一点来看，他们很可能还不如我们结实。

这能够说明什么呢？难道过去成人和儿童的饮食过量的害处，要少于我们之前说的现在流行的饮食不足？难道是由于相信了导致错觉的锻炼理论，让孩子们少穿了衣服？难道是因为错误地追求斯文，而禁止了少年游戏竞技？按照我们的说法，产生这一恶果，上述每一个原因都是有责任的。然而还有一件严重的事情在产生着影响，有可能它的影响要超过任何其他的力量。我们这里说的是用脑过度。

现代生活的压力让老年人和青年人的紧张不断增加。在所有的生意和职业中，越来越激烈的竞争在考验着每一个成人的精力和本领，而想要在这极为激烈的竞争中站得住脚，他们接受了从来没有过的严酷训练。这样就产生双重的损害。父亲们为他们越来越多的竞争者所迫，在这种十分不利的情况下，还得维持一个开销较大的生活方式，就不得不一年到头早晚工作，既没有什么运动，假期又短。他又将这个操劳过度而受损的体质遗传给了他们的儿女。这些非常虚弱的儿童，精力上承受这一般的负担已经注定要垮台，而他们所要学习的课程，却比过去几辈还未受亏损的儿童多得多。

能够预见到的惨重后果随处可见。不管你去了哪里，都能看见许多受了过度学习的损害的男女儿童和青年。这个人因为体弱多病，不得不下乡休息一年；那个人得了慢性脑充血，几个月还没有好，还要继续休息很长时期；一会儿你就会听到，学校里某些学生因为过度兴奋而发起了高烧；再就是休学过一段时期的青年，在复学后总出现晕厥而被抬出教室。我们说的这些都是事实，而且不是我们主动找来的事实，是在过去两年的时间里，我们不得不注意的事实，并且还都是一个很小的范围内的。我们还没有将这些事实都列出来。最近我们在观察这些恶果怎样成为遗传的机会。有一位父母非常健壮的太太，因为在一所苏格兰寄宿学校吃得太少，工作太多，导致身体出现了问题，一起床就头晕。她的子女也都出现了先天不足，头脑虚弱，好几个人都是稍作功课，就会出现头痛头晕。

现在每天出现在我们眼前的，还有一位年轻小姐，她接受的大学教育让她的身体遭受了终身性的伤害。那时她的功课负担十分重，让她没有多余精力进行运动。她现在大学毕业了，却变成了一个病号。她的饭量不大，而且十分挑食，这不吃那不吃，主要还不吃肉；即使在夏天，也经常手脚冰凉；她的身体弱得只能缓慢散步，也只能走一会儿；一上楼就出现心悸；视力非常差——所有这些，再加上发育不全、肌体松弛，就是大学教育导致的一部分结果。除了她以外，我们还能举出她的一个同学的例子，她的身体同样非常虚弱，连几个朋友安静的聚会都会让她兴奋得晕了过去，最后只能接受了医生劝告而休学。

如果像这样显著的损害已经如此屡见不鲜，那么那些较小的、没那么显著的损害该有多么的普遍。如果出现了一个过度用功导致生病的例子，那么差不多就至少有半打毛病还没有浮出水面、还在慢慢累积的例子——因为某个特殊原因或体质脆弱而经常出现功能紊乱的例子，身体发育缓慢或过早停顿的例子，潜伏的结核病发作的例子，或者有发生那些现在常见的、成年生活劳动导致的大脑毛病倾向的例子。人们见到了操劳的职业或商务人员的易患疾病，又想到过度的用功在未发育的儿童身体上一定会导致更糟的后果，大家都会知道这样对健康会形成普遍的损害。青少年既无法像成人那样受那么多的苦，又无法胜任那么多脑力工作和体力工作。那么就判断一下，如果成人因为过度受苦，让青少年在心智上用功时常过度，那损害该有多大！

真的，当我们对通常执行的紧张的功课练习了解一下时，最令人瞠目结舌的其实不是它产生的极端损害，而是人们居然能够承受得了。这里用约翰·福伯斯爵士亲自调查的结果作为例子，他经过大量的调查后，认定这个是英国各地中产阶级女子学校普遍的生活制度情况。现在我们把其中时间的小段落删掉，罗列一下 24 小时总的生活安排：

睡眠，9 小时（年幼的 10 小时）。

在校上课和自习，9 小时。

在校或在宿舍，年长的自由学习或工作，年幼的游戏，3.5 小时（年幼的 2.5 小时）。

进餐，1.5 小时。

户外运动，规定是散步，也总带着课本（前提是天气好），1 小时（每 24 小时）。

这个被约翰·福伯斯爵士称为"惊人的生活制度"，后果是什么样的呢？当然是黄瘦、虚弱、精神头差和普遍的不健康。不过他描述的还不仅是这些。因为对心智的培养极端关心而完全忽视了身体的健康，用脑过度而四肢缺乏运动，他发现这样的后果不只是让功能出现紊乱，还会引起畸形。他说："最近我们在一个大城镇里访问了一所寄宿学校，这里有四十名女生，经过一番详细准确的调查，我们知道了在校已两年（有这么久的是多数）的女孩子，没有一个不是多少有些驼背的！"

这些材料写于 1833 年，可能自那时以来，已经有了一些进步。我们希望是这样的。然而我们能够亲自证明这样的办法还在流行，而且有的时候还更极端。

我们最近对一所青年男子的师范学院进行了调查，这是一所近年来新建的学院，主要是为学校培养合格的教师。这里有政府进行监督，应该能够看见比私立学校女教师的判断水平高一些的东西，我们看到了这样一套日常作息时间表：

6 时，学生被叫起床。

7 时到 8 时，学习。

8 时到 9 时，读圣经，祈祷，吃早餐。

9 时到 12 时，学习。

12 时到 1 时，休息，名义上是安排了散步或别的运动，但经常被学习占用。

1 时到 2 时，吃午餐，一般为 20 分钟。

2 时到 5 时，学习。

5 时到 6 时，晚茶和休息。

6 时到 8 时，学习。

8 时到 9 时，自习，预习第二天的功课。

10 时，就寝。

这样，在 24 小时当中，用来睡眠的有 8 个小时；用来穿衣、祈祷、用餐和附带的短暂休息的有 4 小时零 1 刻，用来学习的有 10 个半小时，而用在运动上的有 1 小时零 1 刻，这是自由的，但是经常免掉了。可是，学习可不只是在规定的 10 个半小时里，因为学习经常会占用运动的时间，这样就增加到了 11 个半小时，还有的学生早晨 4 时就起床来预习功课；而且教师对此还是鼓励的态度。在规定的时间内要学完的课程是如此的广泛，教师们又想通过学生的考试成绩出色来表现他们的成绩，所以也十分上进，以致在他们的引导下，学生们每天花在智力劳动上的时间长达 12 到 13 个小时，一点儿都不稀奇！

不用预言家，就能够知道这样紧张的学习一定会伤害身体。我们听过学校里的一个人说，入校时气色非常不错的人很快就变得面色灰白，总生病，学生里总会有一些病号。食欲不振、消化不良的现象随处可见。腹泻非常常见，所有的学生中，经常有三分之一都得了这种病。学生普遍都觉得头痛，有人几个月来差不多是天天都头疼。还有一部分人是彻底垮了，干脆离开了学校。

这居然是一个在现在如此开明的社会里所设立和监督的某种模范学校的制度，真的是令人大吃一惊。因为严格的考试制度，准备的时间又很短时，人们竟不得不采取一种必然伤害受教者健康的办法。这如果没有被证明是居心残忍，那么就会被证明是无知得可怜。

无疑这种情况多半是个例，可能只在同等的其他学校中存在这样的现象。然而这种极端情况的存在，就非常能说明年青一代的心智负担有多么重了。这些师范学院的要求，也就是受了教育的一些人观念的代表，尽管不要别的证据，就已意味着在培养学生的办法方面，操之过急已经成为一个普遍倾向。

仿佛非常奇怪，通常人们都能意识到儿童期的教育过多是危险的，但是很少能够意识到青年期教育过多也是危险的却非常少。多数家长多少都清楚婴儿早熟产生的恶果。在任何一个社会阶层，都能听到人们对那些过早刺激小孩心智的人的指责。越清楚这个效果，对于这个早年刺激的担心就越大。一位非常著名的生理学教授告诉我们，他打算在他小儿子八岁以前任何功课都不学。然而尽管大家都很清楚过早地刺激儿童心智的发育会让他们身体虚弱，甚至愚笨、夭折这个真理，却仿佛没有看见，这个真理对青年期也是一样适用的。事实上这是毋庸置疑的。能力的发展，是有其一定的顺序和速度的。如果教育的过程和这个顺序和速度相符，那就非常好。如果不符合，给他一些过于抽象复杂、不好吸收的知识，很早地就为他增加了要求能力较高的负担，或者因为过度的培养，让心智的一般发展超过这一年龄的自然水平，所获得的不正常利益就会难免带来某些相等甚至更多的害处。

自然是一个十分严格的会计师，如果你在某个方面所要的，比它准备给你的多了一些，它就会在别的地方少给你一点儿，以此来平衡它的账目。如果你让它完全遵循它自己的打算，设法为它供给一些种类正确、分量恰当的各年龄身心发育所需的材料，那么最后它会养育出一个各方面差不多平衡发展的人。然而如果你非得要某个部分早熟或过分地发育，它会先表示不服，然后会同意这么做；但是为了进行你所要的额外工作，它就不得不放下一些它更重要其他工作。永远别忘了，不管在什么时候，身体的精力都是有限的；因为有限，所以就无法从它那里得到超过定量的结果。儿童和青年对精力拥有多样的、迫切的要求。前面已经说过了，需要对一天身体运动所造成的消耗进行补充，需要对一天学习对于大脑的消耗进行恢复，一定的身体还有大脑的成长也都要照顾到，此外，还得将满足这些需要的大量食物消化。

在这些用途中的任何一个投入过多的力量，就得将用在其他用途中的力量减少。这一点的道理非常明显，事实上，每个人也都可以从自己的经验里得到证明。每个人都知道，比如将一顿饱餐消化，对于躯体的要求是这么的大，以至于身体精神都出现了松懈，甚至直接让人困得想睡觉。所有人也都知道，过度的体力运动会降低思考能力：不管是突然用力后的暂时困顿，还是走了三十英里后的疲倦，都会让人不想多用心思；徒步旅行了一个月，心智上的惰性，得好几天才能完全克服；那些一辈子都从事肌肉劳动的农民心智活动就非常少。还有一条真理大家也很熟悉，儿童有时候身体发育得非常快，而这时候他们一般会出现身体和心智的困乏，这就说明有很多的力量被消耗了。再一个，刚吃完饭就进行剧烈的肌肉活动，会让消化停止，而很小的时候作苦工的儿童发育会停顿，这些事实同样是这个对抗存在的明证；也同样可以说明，朝一个方向的活动过度，就会让朝别的方向的活动不足。在极端事例中都有如此明显的规律，在任何情况下也都是一样的。轻微和经常的过分的要求也肯定会导致力量的分散和不好的影响，道理和那些巨大的和突然的过分要求是一样的。那么，如果青年时智力劳动的开支就超过了自然正常安排的量，那么给其他方向的支出就会无法达到应有的量，而就会产生这种或那种恶果，这是不可避免的。

让我们简单地看一下这些恶果。如果脑的过度活动没有超出正常活动太多，那么对于身体发育的影响就会是很轻微的：身高比本来能够长到的要矮一点，或者体重比本来能够达到的轻一点，或者身体组织的质量稍微差一点。一定会产生一个或者几个这样的后果。在用脑的时候，或者过后对脑中的物质消耗进行补充的时候，那些供给脑部的超量血液，本来是要运行在四肢和内脏里的，而那些原本打算靠这血液供给的材料来进行的补偿和发育，现在全都落了空。物质的反应既是肯定的，问题就在于从过度的培养里得到的，是不是等于失去的？——身体发育不良，或体质较差，从而没什么活力，耐力差，这些是不是都能够通过多获得一些知识来得到补偿？

当用心大为过度的时候，后果就更严重了，不只会影响身体的健康，还会影响到大脑本身的健康。伊西多·圣提霍尔先生曾经提出一个生理学规律，而刘易斯先生在他的作品《侏儒和巨人》中也曾通过这个规律引起人们注意的，那就是生长和发育存在对立。

在这个对立的意义上，生长是指长大而发育是身体结构的增加。毛虫和蛹是个大家都熟悉的例子。毛虫的个头长得非常快，但是它的构造并不比它小时候更加复杂。而蛹并没有长大，在动物生命的那个阶段甚至重量还减轻了，但它投入了大量的活动，为了形成一个更为复杂的构造。这里这个对立是十分明显的，不过在高等动物那里较难看出来，因为这两个过程是结合在一起进行的。但是如果将男女两性进行对比，那么就容易看出来了。女孩子的身心发育迅速，而生长停止得较早。男孩子不一样，他们的身心发育较慢，不过会长得较大。在年龄一样的情况下，一个已长成、成熟，所有的能力都已经充分地具备；而另一个的生命力量却多数投入到躯体的长大里面，构造上还算不上齐全，而表现出来，就是身心比较笨拙。这个规律，对于肌体的任何一部分和整体来说都是一样的。任何器官在构造上迅速的、不正常的推进，都会让它的生长早期停顿；而这种情况，在心智的器官上，同在任何别的器官那里一样，是必然会发生的。早年体积比较大不过构造不完善的脑，如果被要求去通过过度活动发挥功能，那么在构造上，它的发育就会大于这个年龄所应达到的水平；然而最终的结果会是，它没有达到本来能够达到的大小和力量。为什么早熟的儿童，和在某段时期内一帆风顺的青年总会停滞不前，而让他们家长的厚望成空，这是一部分的原因，不过通常是主要的原因。

尽管教育过度的这些结果已经如此惨重，或许还有更惨重的，那就是对健康的影响——变态的情感，损害了的体质，亏损了的精力。生理学的最近科学研究发现已经证实了脑对于身体功能的影响有多么大。消化、循环和通过它们达到的别的所有有机过程，都会受到大脑兴奋的巨大影响。

我们看过韦伯首次创作的实验的重演，这个实验是测试刺激连通脑和内脏的迷走神经的结果，无论谁看见这个反应——刺激这个神经时，心脏的动作会突然停止，刺激停止就会慢慢恢复，再刺激就再停止——都会对于过劳的脑、对身体的压制影响形成一个清晰的概念。从生理学上这样说明的效果，也可以在通常经验中得到证实。无论是谁，都会在渴望、惧怕、愤怒、欢乐时感觉到心跳，而没有谁会注意到在情感这样比较强烈时，心脏的动作是多么的费力。虽然有不少人从来都没有经受过那种让心脏停止跳动或让人昏厥的极端情绪兴奋，不过每个人都是清楚这里面的因果关系的。内心的兴奋如果超过了某种强度，就会导致肠胃出毛病，这个事实也是大家所熟悉的。食欲不振既可以是精神非常愉快的后果，也可以是精神十分痛苦的后果。饭后不长时间就发生了让人愉快或痛苦的事，就少不了肠胃要将吃下去的食物呕出来，或者非常费劲、勉强地将其消化。

任何一个经常用脑的人都可以证明，即便是单纯智力的活动，如果过度了，也能够产生类似这种的后果。在这些极端例子中脑和身体的关系已经是这样的明显，在通常的较不显著的情况中也都是同样的。和这些强烈但短暂的大脑兴奋产生强烈但短暂的内脏扰动一样，没那么强烈但持久的大脑兴奋，就会产生没那么强烈但持久的内脏扰动。这不只是一条推论，而是一条真理，每个医生都可以为其作证，还是一条我们都可以用亲身经历为其作证的真理。很多各种程度、各种形式的、需要几年的强制休息才能部分痊愈的病，都是长期过度用心的后果。有时的主要是心脏受影响：习惯性的心悸，脉搏极其微弱，而最常见的是脉搏的次数从每分钟 72 次降到 60 甚至更少。有时是肠胃出现了毛病：让生活成为负担的消化不良，除了时间以外，没有别的办法。很多的情况是心脏和肠胃都有了问题。睡眠通常不安而且时间还非常短。很常见的还有心情抑郁。

接下来考虑一下过度的心智兴奋会给儿童和青年带来多么大的损害。超过正常分量的用脑，不可避免地会导致身体上的扰动，即使不足以产生明显的病症，也一定会让体质慢慢地受到损伤。消化不良，食欲不振，循环虚弱，出现了这些问题，一个正在发育中的身体，怎么可能欣欣向荣？每个生命过程的正常工作都离不开良好血液的适量供给。如果好血不够，那么液腺就无法正常地分泌，内脏就无法充分地尽它的职责。好血不够，神经、肌肉、薄膜和别的组织也无法获得有效的维修。好血不够，身体的生长既做不到健全，也做不到充分。那么我们不妨判断一下，一个正在发育中的身体，由一个十分虚弱肠胃供给数量不够多、质量不够好的血液，再由一个疲软无力的心脏将这些量少质差的血液不自然地、缓慢地推向全身，这将会有多么糟的后果啊。

如果像对这件事进行过调查的人所一定会承认的，身体健康下降是学习过度所导致的，该对前面所描述的硬塞知识的办法予以多么严厉的谴责。不管从什么角度来看，那个办法都是荒谬之极的。从单纯获得知识的角度来看，这是个错误。心智和身体一样，速度超过了一定的范围就无法吸收了；而如果你提供材料的速度过快，让它不能吸收，那么不久它还是会丧失掉。这些材料并无法在心智中组合到一块，在它们应付了考试后不久，就从记忆里溜走了。

这个办法的错误还有一点，那就是它让学习变得讨厌。要么因为持续的心智紧张活动产生了苦痛的联想，要么是因为它在脑里留下了一个不正常的状态。硬塞知识的办法经常导致人厌恶书籍；这样不仅不能让人获得合理的教育所培养的那种自学能力，反而还会让这种能力不断地下滑。这种办法的错误还在于这个办法假设获得知识就是一切，而忘了组织知识，那个需要时间、需要独立思考的工作才是更重要的。正如洪波尔特在提起一般心智进程时所说的那样："当描述工作被堆积的大量的零星事实所劳累时，对于自然的解释就弄模糊了。"对于个人的心智进程来说，过多的、消化不良的知识，也可以说是在给心智增加负担，或者说制造障碍。作为心智脂肪储备起来的知识并没有什么用处，有用的只是心智的肌肉。然而错误还更深一层，即让这个办法可以产生心智效率（实际上它并没有这个可能），它还是不好；因为，如我们在前面已经说过的，心智训练在生活斗争中有用的前提是体力的充沛，而这个办法却给这充沛的体力造成了致命的伤害。那些急切地想要培养儿童心智而置他们的身体于不顾的人，都忘了这样一点，社会上的成就更多靠的是一个人的精力，而不是知识；执行一个在硬塞知识时于精力有损的办法，就是在自找失败。有了从丰富的动物活力中获得的坚强意志和不倦的活动，就是在教育上存在较大的欠缺，也是可以弥补的；而如果配合上不必搭上健康就能得到的、颇为合适的教育，就可以确保可以非常轻松容易打败那些过度学习而身体虚弱的对手，即便后者在学问上表现出了天赋。一个较小的、工作得较差的发动机在高压下工作的表现，会好于一个大的造得好的但是在低压下工作的机器。那么在造发动机时，损坏了锅炉让它无法发出蒸汽，那该是有多么的愚笨!

再说，这个办法的错误还有一点，那就是它涉及了错误地估计生活幸福。尽管假定它可以让人在世上成功而不致失败，但是因为导致健康受到影响的后果，还是会带来超过等量的灾难。如果有钱的人总得病，那么发财又有什么用？如果盛名伴随着一些无名的抑郁，那么出名的价值又体现在哪里？这一点肯定不用告诉任何人，脉搏有力，消化良好，情绪高涨，是任何身外利益都比不了的幸福因素。长期的身体问题让最光明的前途也蒙上了阴影，而有了强健的活力，即使境遇暂时不幸，也可以绽放金光。所以我们认为这种过度的教育在任何一个方面都是坏的：坏在给予一些过不了多久就忘的知识；坏在导致厌恶知识；坏在忽视组织知识，而这个的重要性要高于获得知识；坏在削弱或损耗精力，而缺了它训练好的心智就没什么用处；坏在产生健康不良，即使获得了成功也补偿不了，而失败了却要品尝加倍的痛苦。

和男人相比，这种硬塞知识的办法对女人的伤害更大。因为那些活泼有趣的、男孩子们用来减轻学习过度害处的身体运动，通常都没有女孩子的份，她们感受的是非常厉害的害处。所以她们当中，成为健全良好的人的比例更小。在伦敦客厅里，经常能够看见那种面黄肌瘦、胸部不发育的青年小姐，这就是埋头伏案、缺乏青年游戏来调剂的后果。身体孱弱为她们幸福造成的阻碍，远大于她们那些才艺给她们带来的帮助。想让自己姑娘漂亮动人的妈妈们，再也不会找到一个比这个为了心智牺牲身体的办法更糟的途径了。对于异性的审美观念，她们要不是完全没有顾及，要么就是估计错误。男人们其实不怎么在乎女人的博学，却很在乎身体的美、性情的好和见解的对。博学多闻的、凭借自己广泛的历史知识而找到对象的小姐有几个？有哪个男人爱上一个小姐，是因为她懂得意大利文？由于安捷林娜会德文而拜倒在她裙下的埃德温去哪里找？然而红润的脸颊、活泼的眼神，却是极其富有吸引力的。钦羡的目光全都落在了丰满结实的体型上。精力充沛所产生的活跃风趣对建立感情是非常有帮助的。任何人都了解一些例子，说明只要身体健美，即使一切别的优点都没有，也可以激起一种将一切扫除的热情；然而几乎没有谁可以举出一个这样的例子：道德上或身体上没有特点，只是靠智慧上的成就，就可以引起这种情感。真理是这样的，在按不一样的比例结合、在让男人心中产生被我们称为爱情的那个复杂情绪的诸多因素里，身体的吸引力所产生的那些因素是最为强有力的。而力量差一些的，是道德吸引力所产生的那些因素。而凭借心智吸引力所产生的那些因素是最差的；即使在这些因素中间，还是主要靠敏捷、机智、见解等自然的能力，而不是获得的知识。如果有人得的这种说法有伤体面，而谴责男人的性格不应该偏好这方面，那我们就会答复他们真的是不知所云，居然怀疑上天的安排。即使这种安排没有十分明显的道理，但我们还是可以肯定它对实现某些重大的目的是有帮助的。而对进行考察的人们来说，道理是显而易见的。自然的目的之一，甚至可以说是它的最高目的，就是后代的幸福；而从后代的角度来看，如果体质是坏的，那么培养得好的智慧并没有什么价值，因为它的子孙用不了一两代就会死绝；而如果反过来，拥有了一个好的体质，不管它具有的心智天赋有多么的贫乏，还是值得保存，因为在将来的各代中心智的天赋可能无限制地发展；从此我们就能够看出来，之前说的本能安排有多么的重要。

不过先不说优点，既然本能是这么安排的，还一定非要让女孩子们记忆过多的东西而导致她们的体质受到损害，这是多么的愚笨。尽可能多地让她们接受教育，越多越好，只要不影响身体（这里顺便提一下，只要做到了少培养鹦鹉的能力，多培养些人的能力，只要将训练延长到离开学校以后、结婚之前那段现在被浪费了的时间，高标准的教育还是可以达到的）。然而教育的方式或程度如果让身体受到了损害，那就会让费力、花钱、着急去追求的目标全部落空。家长们将这种高压力的办法强加在自己的女儿身上，往往将她们生活的前途给毁了。除了会让她们的身体虚弱，对所有的事情都感到苦恼、软弱无力和灰溜溜以外，还有可能让她们命定独身，这样的事情并不少见。

综上所述，儿童的体育在各个方面都存在严重错误。错误是吃得不够，穿得不够，运动不够（至少对女孩子来说是这样的），而又用脑过多。从整个制度的角度来看，错误的倾向是要求太苛刻：要得多，而给得少。从精力负担的角度来看，它让幼年的生活过分地像成年的生活。它忽视了这一条真理：既然在胎儿期，所有的生命力都用在了生长的方面；在婴儿期，用在生长方面的生命力如此之多，以致只剩下很少分量的用于身体或心智的动作；那么在整个儿童期和青年期里面，生长也是其他所有都一定要服从的最高要求。于是这个要求就决定：要给得多而取得少；这个要求就要按照生长的速度，来对体力和智力的运用进行控制；这个要求就只允许根据生长变缓的程度，来增加身心的活动。

这种高压力的教育，是我们现在即将过去的文化阶段的产物。在原始时代，侵略和防御是第一位的社会活动，身体健壮兼具勇气是最需要的品质；那时的教育几乎全都是针对身体的教育，很少顾及心智上的培养，而且比如在封建时期，还经常被人轻视。眼下我们既然处在比较和平的社会当中，除了体力劳动，肌体的力量用处不多，各种社会成就很大一部分靠的都是智力；我们的教育就大转弯，变成了几乎都是针对心智方面的训练。我们现在不再是重视身体，忽视了心智，而是反过来了。这两种态度都是错误的。我们还没有意识到这样一条真理，在我们这样的生活里，身体既是心智的基础，发展心智就不能让身体吃亏。古代和现代的两个想法一定要结合在一起。

为了让身体和心智得到兼顾这一天早日到来，宣传保持健康是个责任这一信念也许可以发挥最大的作用。现在好像只有少数人意识到还有对身体的道德这么一码事。人们惯常的言行都表明他们觉得自己有任意处理自己身体的权利。因为违反自然的指示而导致的一些毛病，仅仅被他们视为是一些值得抱怨的事，而非一些犯罪行为的后果。尽管这些行为给他们家属和后代带去的恶果，经常和犯罪所引起的后果是一样大的，然而他们从来都不认为这有什么罪。当然如果是酗酒了，是承认了身体过失的罪恶；然而好像并没有人因此得出结论，如果这一件身体过失是罪恶，那么每一件身体过失也全都是罪恶。实际上，一切违反健康规律的事都是身体的罪恶。到了大家都承认这一点时，或许非要到那个时候，年轻人的锻炼才能获得应该有的关注。

第三章
进化论

进化的规律

　　进化是物质和伴随着运动的消耗的统一；在进化的过程里，物质从不确定的和无条理的同质性转变为明确而凝聚的异质性；同时，所保持的运动也在经历着一样的改造。

　　以上进化的规律适用于每一种独立的存在。然而，这样进行归纳，没有将存在视为构成一个自然整体所具有的完整性。当我们想把进化划分为天文学的、地质学的、生物学的、心理学的还有社会学的进化时，同一个变质规律，对所有的部分都是适用的，这在一定程度上可能是巧合。不过，如果我们承认这些部分只是传统的组合，有利于知识的整理和获得，如果我们将它们各自处理的各种不同的存在视为一个宇宙的组成部分，我们就马上会认识到具有某种共同特性的若干种进化是并不存在的，而有的只是以同样方式到处进行着的一个进化。我们反复观察到这样的情况：当任何整体进化的时候，总是进行着整体自行划分的很多部分的进化；然而，这种情况同样适用于内部从最大到最小的各部分组成的事物的全部吗？我们并没有观察到。我们都很清楚，当像人体这样一个在物质上凝聚的集合体越来越大，具有它一般的形态时，人体的任何一个器官也在发生同样的情况；当每个器官在逐渐长大，变得和别的器官不一样的时候，各器官的组成组织和脉管进行着整合和分化；甚至这些组成部分的成分也在各自增长，成为相对较为明确的异质结构。不过我们还没有充分表明，人体从一个小的部分开始，上升到较大的部分，这种变化的同时性一样明显，就是说当任何一个体发展的时候，由个体作为一个不重要的单位所组成的社会同时也在向前发展；在构成社会的集合变成相对较为明确的异质体时，社会作为一个微不足道的部分所构成的整个集合体也就是地球，同样变成相对较为明确的异质体；当体积还没有太阳系的百万分之一大的地球朝着集中而复杂的结构方向进化时，太阳系同样也在进化；甚至太阳系的变化，也不仅仅是我们同时进行着变化的恒星系的几乎没有感觉到的部分的变化。

如果照上面这样的理解，进化就变成只是原则上的进化，还是事实上的进化。并不是有同样进行着的变化，而是存在一种普遍进行着的变化，在任何一个地方都不曾出现过相反的变化。在整个空间里任何的地方，无论地方大还是小，占有空间的物质获得能够以感觉到的个性，或者可以和别的物质相区别，就都存在正在进行的进化；或者不如说，这种能够感觉到的个性的获得就是进化的开始。无论集合体的大小，无论这个集合体是不是包含在别的集合体里，也无论包含它自身进化的很多宽广无垠的进化，上面说的这些情况始终都是一致的。

这样我们就得到了第一个结论，那就是，任何有限的、同质的集合体一定通过它的各部分不同程度地暴露在偶然的力量面前，也就无法避免地失去它的同质性。我们曾经说过，各种各样的力量产生各种各样的结构，这些力量在各种各样的条件下发挥着作用，这已经在天文学的进化中进行过说明了。在天体进行着的大大小小的变化中，能够看见一样的因果联系。有机的微生物的早期变化还可以提供进一步的证据，对附近各种力量的关系的相异性，产生结构上的相异性，任何一个物种处于不一样地位的各个分子都具备分叉成很多不一样品种的倾向，更是让这个证据的力量更强了。我们现在发现，社会的各部分之间产生的政治还有工业方面的各种各样的差别，足能够说明一样的原理。因此，同质的东西的不稳定性的例子随处可见。我们也可以看见，任何一个均质的整体变成很多能够辨别的部分，任何一个部分也有同质的不稳定性，而不那么异质的东西，则在不断地变成更加异质的东西。

进一步的研究，则将形式越来越多样的、处于第二位的原因揭开了。第一个分化出来的部分，不只是产生进一步分化的所在，同时也是进一步分化的亲本；因为，每一个分化出来的部分，成长得和别的部分不一样，它就变成对偶然力量引起不一样反应的中心，因为起作用的力量是多种多样的，所以所产生的效果也是多种多样的。这种效果增多的证据在整个自然界都存在，也就是整个太阳系所进行的作用与反作用当中，永不停息的地质变化之中，有机体因为各种干扰的影响所产生的复杂的症状当中，简单的印象所产生的很多思想和情感当中，以及每个新的力量对社会所产生的持续衍生的结果当中，都是存在的。从上面的情况能够得出一个可以为大量的事实所证明的推论，随着异质性的增加，结果的增多，发展的增长速度是呈几何级数的。

要想对构成进化的结构性变化形成一个充分的解释，还有待将伴随各部分之间所产生的差异而出现的越来越明显的各部分之间的界线的原因找出来。我们发现，这个原因就是，这些单位在那些能够移动不同单位的各种力量的作用之下被分离了。我们可以看到，如果不一样的偶然力量让一个集合体各部分的构成单位的性质也不一样，就一定会有一种趋势，让不相似的单位互相分离，而相似的单位则会向一起集中。这种伴随局部分化出现的局部整合的原因，一样也得到了一切进化的证实——比如天体的形成、地球外壳的形成、有机体的变化、心智特性的建立，还有社会分割的发生。

最后，对于这些过程是不是有任何限度的问题，我的回答是它们一定会以平稳为结局。各种力量的这种持续分割和再分割，让统一的东西变成多种多样的东西，让多种多样的东西继续变成更加多种多样的东西，这是一个让各种各样的力量持续消散的过程，只要还有任何力量因为相反的力量而变得不平衡，力量就会继续消散，直到最终停止。情况表明，像各种集合体所发生的那样，当很多的运动同时进行时，较小的和受阻力较大的运动消散得比较早，从而得以建立各种的动态平衡，形成走向彻底平衡的过渡阶段。进一步的研究结果表明，因为同样的原因，这些动态平衡具备一定的自我保存的能力，具体的表现就是让紊乱消失，还有适应新的情境。这个平衡的一般原理，和之前的一般原理一样，能够在所有形成的进化——天文学的、地质学的、生物学的、心理学的和社会的进化——里面找到。我们总结性的推理就是在平衡的前一个阶段，最极端的多样性和最复杂的动态平衡建立在这个阶段，这个阶段一定意味着能够想象最高的人性。

社会的平衡

还有一种社会平衡需要进行考虑：这种社会平衡是政府机构的建立所带来的，如果这些机构和人民的欲望保持协调，它就会趋于完善。在政治事务方面，和工业事务一样，都存在一个供求的问题；不管是政治也好，工业也好，很多对抗的力量产生一种节奏，这种节奏一开始是剧烈地摇摆，然后慢慢地安定下来，成为较有规律性的动态平衡。那些从前社会组织里继承下来的侵略性冲动——那些掠夺性生活所必不可少的、不顾对别人的伤害而寻求自我满足的趋势，构成一种反社会的力量，不断趋向于引起公民之间冲突和最终分离。相反，只有通过联合才可以实现目的的那些欲望，还有通过和同胞的交往得到满足和形成我们所谓忠诚的那些情操，仍是让社会的各个单位团结在一起的力量。一方面，任何一个公民对于别的公民强加于他的行动的所有限制，或多或少都有一种抵抗力；这种抵抗力，常常不断地拓宽每个人的行动范围，相应地也就限制其他人的行动范围，社会集合体的成员相互行使的推斥力由此构成。另一方面，存在于人和人之间的普通的同情心，存在于同一种人的任何一个人和同一种人的另外一些人之间的、相对特殊一些的同情心，还有社会组织感到满足的各种相关的情感，作为一种吸引力在发挥着作用，不断地趋于让有共同祖先的人们保持着团结。这是因为，分开生活的人们为满足他们所有欲望所需要克服的抵抗，是比共同生活的人们为满足他们的所有欲望所需要克服的抵抗大的，也就存在了一种剩余的力量避免他们分开。和所有别的对抗的力量一样，公民相互间施加的对抗力量，持续产生交替的运动，首先是剧烈的运动，一点点减弱，最后趋近于平衡。在没有开发的小型社会，这些相互冲突的趋势导致了各种明显的节奏。一个已经聚居了一两个世代的部落，现在已经达到无法结合在一起的规模；当某种事件发生，导致了成员间异常的对抗时，这个部落就会出现分裂。任何一个原始的民族，如果继续团结一致主要靠的是首领的品格，那么会表现出在两个极端之间极大的摇摆，在一个极端，臣民受到了严格的限制，同时在另一个极端，限制并不足以防止动乱的发生。在相对比较发达的同一类民族，我们往往会发现具有国家所特有的同样重要性质的剧烈的作用和反作用——"专制主义通过暗杀得到缓和"，在这样的国家无法容忍的压迫往往会引起将一切锁链冲破的行动。一个时期的暴政后面接着一个时期的放任，一个时期的放任后面又接着一个时期的暴政，从这个大家都很熟悉的事实，我们看到这些对抗的力量怎么样持续地相互保持着平衡；与此同时，我们从这种运动和对抗运动变得比较温和的趋势里，也可以看见这种平衡是怎样逐步臻于完善的。守旧（主张社会对个人进行限制）和改革（支持个人反抗社会的自由）之间的冲突，进入缓慢接近的限度；因此，不管哪一方暂时处在优势，就产生非常明显地偏离中间状态的现象。这个过程现在在我们中间摇摆的状况还没那么引人注目，它一定会继续下去，直到对抗的力量之间的平衡无限期地接近完善才会停止。这是因为，我们已经看见了人的本性对他生存条件的适应，在被我们称作情感的内部力量和他们遇到的外部力量达到平衡状态之前，是无法停止的。这种平衡的建立，就是人性的社会组织达到一种状态，个人只有不超出他正当的行动范围能够满足的那些欲望，再也没有其他的欲望，社会只有维持个人自愿地尊重的限制，再也没有其他的限制。公民的自由的逐步推广，还有政治限制的相应废除，是我们迈向这种状态的步骤，除了所有人的相同的自由所强加的限制外，任何一个人的自由的限制的最终废除，一定是人的欲望和周围环境所必需的行为之间彻底平衡的结果。

当然，和之前的例子类似，在这个例子里，包含着异质性的增加存在一个局限。我们在本书里曾经得出过这样的结论，心理上的进化的每一次演进，在于建立相应于某种进一步外部行动的某种进一步的内部行动——某种观念或情感的其他的联结，以适应某种以前不知道的或者非对抗性的现象之间的联结。我们推论，任何一个运动包含结构的某种新的改变的新功能，都意味着异质性的增加，所以，假如还有任何影响有机体的外部关系，因为内部关系而导致了不平衡，异质性都一定会继续增加。所以我们一定会得到这个结论：异质性的增加，只有在完成平衡时才能终止，显而易见，对社会而言，一定会同时发生同样的情况。个人异质性的任何一次增值，都一定会作为原因或结果，直接或间接地包含个人集合体安排上的异质性的某种增值。只有在社会力量和个人力量之间达成上面所描述的平衡时，社会复杂性的限度才能实现。

科学及其局限

什么是科学？要清楚的一点是，对于科学的偏见的荒谬之处，我们只需要指出，科学仅仅是常识的高度发展；如果科学被抛弃了，那么所有知识必然都会被随之抛弃。那些最极端的持有偏见的人，都不会怀疑夏天的日出早于冬天、日落迟于冬天这种观察有什么坏处，反倒还认为这种观察有助于履行生活的职责。好啦，天文学是一些有组织的相似的观察，这些观察精确度较高，扩展到很多的物体上，通过分析，将我们关于天空的错误观念消除。

水里的铁会生锈，木柴能够燃烧，放时间长了的菜肴会腐烂，这些知识，即便是那些最胆怯的宗派主义者，也不怕教给人们，因为知道了这些知识是有好处的。然而，这些都是化学的真理：化学就是系统地将这种事实收集起来，弄清后再进行精确的分类和概括，让我们可以确切地说出某种简单的物质或化合物，在一定的条件下会发生什么样的变化。所有的科学都是这样。它们各自从日常生活的经验里萌芽；伴随着科学的不断发展，它们不知不觉地吸收更多的、更复杂的经验；在这些经验里，它们确定依赖关系的规律，和构成我们有关最熟悉的事物的知识的规律是一样的。不可能在任何地方画一条线，说从这里开始。

随着一般观察的功能在于作为行为的指导，行为的指导也就成为最抽象、最深奥的科学研究的职责。物理学通过无数工业上的加工过程和它赋予我们的各种不同的运动模式，对我们的社会生活进行调节，和未开化的人对周围物体的性质的知识来对他的生活进行调节相比，要完善得多。解剖学和生理学通过它们对医药和卫生实践的影响，让我们的行动产生了改变，差不多和我们关于周围各种通常的力量在我们身体上所产生的害处和益处的认识可以改变我们的行动一样。所有的科学都是预见；所有预见最终让我们在较大或较小的程度上从善避恶。正如我们对躺在前方道路上的物体的知觉，必然是会警告我们小心绊倒，同样，那些构成的科学的、比较复杂而微妙的知觉，必然会警告我们在追求远方的目标时，要小心被介入的障碍绊倒。因此，不管是最简单的认知形式，还是最复杂的认知形式，因为它们拥有相同的起源和功能，都一定要进行同样的处理。我们一定始终如一地接受我们感官可能达到的最广泛的知识，或者同时拒绝接受大家拥有的狭隘的知识。在全面认可我们的智慧，或者甚至抛弃我们与动物所共有的最低的智慧之间，不存在合乎逻辑的抉择。

再者，基本的科学概念，都是无法被现实准确描述的事物的代表。尽管事实的概括的进展怎样巨大，建立的概念如何地拓宽——尽管有限的和派生的真理和更巨大、更深刻的真理的结合进行得如何多，根本的真理还是与从前一样，是不能达到的。解释能够说明的东西，只是让依然无法说明的东西更清晰了一点儿。不管是在外部世界，还是在内部世界，科学家都发现自己处在不断的变化之中，既无法发现开端，也无法发现终结。如果他对事物的进化进行追溯，让自己接受这个假设：宇宙曾经以扩散的形式存在，他觉得绝对不可能设想，怎么能是这样；同样的道理，如果他对未来进行推求，对在他面前不断展开的雄伟的连续现象，他无法指点出界限。同样，如果他反观内心，他发觉不能领会意识的开始和结束；不，他甚至想象意识曾经存在或者将来会存在的力量都没有。再比如，当他从外部和内部的现象的连续转到它们内在特性时，他同样觉得迷茫，不知所措。如果他每次都可以将事物的外观、性质和运动分解为力在时间和空间上的表现，他依然会觉得无法理解力、时间和空间。同样的，虽然心理活动的分析最终可以让他有了感觉，作为所有思维的原始构成材料，然而他并没有往前走多少；因为既无法对感觉本身进行描写，也无法描写意识到感觉到的是什么东西。所以无论是客观的东西，还是主观的东西，他都认为它们的本质和起源都是无法理解的。在各个方面，他的研究最终让他面对一个无法解决的谜；与此同时，他始终清楚地将其看作一个无法解决的谜。他马上就明白了人类智慧的伟大和渺小——人类智慧在对付经验范围以内的所有东西的能力；人类智慧在对付经验范围以外的所有东西的软弱无能。他尤其清楚地意识到，最简单的事实，从其本身考虑，是绝对无法理解的。他比任何人更加真正懂得，在事物的本质方面，没有哪种东西是可以被认识的。

如果觉得这些结论还可以，如果同意这样的观点：除了有些现象是相反的分解过程的组成部分以外，不管在什么地方进行着的各种现象，都是普遍的进化过程的组成部分，那么，我们可以得出这样的推论，所有的现象，只有承认它们是这些过程的组成部分，才可以得到圆满的解释。所以可以推论，当应用这些过程的公式，对任何一个现象全部和一切现象总体做出全面的和特殊的解释时，一定会到达知识进展的极限。

被区别为科学的部分地成为一体的知识，还没有将这种全面的解释包括进来。或者，比如在相对较为复杂的科学里，它们的进展差不多全都是归纳法的；或者，比如在相对较为简单的科学里，推演出来的结论是和构成现象有关的；现在基本没有意识到最终的任务，是根据各种现象的构成状况，对它们作出演绎的解释。研究被描述现象的形式的抽象科学，和研究产生现象的因素的抽象——具体科学，从哲学的角度而言，是研究所产生的自然界复杂现象的具体科学的女仆。形式已经确定的规律和因素的规律，就要进而确定合作因素的相互作用所决定的结果的规律。已经知道了力的持久性，又已经知道了各种派生的力的规律，必然不仅表明，无机世界的实际存在如何必然将它们的特征显示出来，还要表明，如何必然产生有机的和超有机的存在所显示的更多也更复杂的特征——有机体是如何演进的？人类智慧从哪里起源的？社会进步产生于什么地方？

显而易见的是，知识的发展作为一种有组织的、从力的持久性直接和间接推演出来的结论的集合体，只能在遥远的将来才能实现；事实是，即使到了那个时候，还是无法完全实现。科学的进步，是我们看到的正在进行的，而且一定要继续进行的思维和事物的平衡的进步，不过在任何有限的时期当中，这种进步是无法臻于完善的。不过，虽然科学永远都无法完全变成这种形式，虽然只有在很远的将来才能差不多实现这种形式，但是目前还是有很多的事情能够做，以便接近这种形式。

当然，目前能够做的事情，任何一个人，都只能非常不完善地去做。拥有正确地组织既定的真理所需要的百科知识的人是不存在的。然而，因为进步是通过很多增长实现的——所有的组织，都是从不明显的、模糊不清的轮廓开始，在不断的增补和修改中完成；可以利用将现在积累起来的事实——或者不如说事实的某种归类——变成好像协调的东西的尝试的有利条件，无论这种尝试多么的粗糙。这就要有求于继本书之后的几卷著作，研究我们在本书开头区别为专门哲学的各个部门。

第四章
自由主义和儿童的权利

行动自由的权利

好像逃避这个结论是不可能的。让我们将得到这个论断的几个步骤重复一下。人只能通过运用自己的能力，才能得到幸福。但是要想可以运用自己的能力，他一定得有做他的能力自然地驱使他做的事情的自由。

不过这并非一个人的权利，而是所有人的权利。每个人都有各种能力。所以，所有的人都必须有运用能力的事情的自由，即所有的人都必须有行动自由的权利。

所以，限制是必然要有的。因为，假设人们对运用他们的能力所需要的自由拥有同样的要求，那么每个人的自由就都会受到所有人同样的自由的限制。如果两个人因追求各自的目的而发生了冲突，那么一个人只有在他的行动并没有干预到另一人的同样的行动时，才能保持自由。我们被扔进这个生存领域，并不存在大家无限制活动的余地，然而由于他们的素质，大家都想有这种无限制的活动，只能是平等地分配不可避免的限制，除此之外，再无他途。我们由此得出这个一般的命题，即每个人可以要求运用其他能力的最充分的自由，同时也要和其他人具有同样的自由相一致。

所以，我们通过几个渠道得到相同的结论。无论我们从只有能够实现最大的幸福的固定的条件来对我们的道路进行推论，还是从人的素质，即将其视为能力的集合体来推导出我们的推论，还是听信在这件事情上仿佛具有指导我们的功能的某种精神力量的告诫，都可以教给我们正确的社会关系的规律，即每个人都有从事一切他想做的事情的自由，前提是他并没有侵犯任何别人的平等的自由。虽然这样坚持的行动的自由可能需要进一步的限制条件，但是我们觉得，在社会的公平规则中，没有进一步的限制条件能够获得承认。

这种进一步的限制条件一定永远都留给私人和个人应用。因此，我们一定要完整地采用这个平等自由的规律，将其作为正确的公平制度所根据的规律。

儿童的权利

如果我们想让一个男孩成为一个出色技工，就会让他从小去做学徒，保证他学到熟练的技能。未来的青年音乐家，应该每天练习乐器几个小时。要想成为艺术家，得学习素描画和明暗法的入门课程。而对未来的会计来说，规定要接受彻底的算术练习，通过数学的学习来发展思维能力。因此，所有训练都要遵循培养一定要先于熟练的原则。人们已经在"习惯是第二天性""熟能生巧"这类谚语里面表示了普遍观察后的最终结果，显然，所有的教育制度都在遵循这种观察的结果。一位农村女教师的箴言和一位裴斯泰洛齐信徒的思索，饱含同样的理论，儿童应该对未来生活所要求的身体和心智的使用习惯。教育就是这样的解释，没有其他的意思。

作为道德的人，他最重要的品质究竟是什么呢？我们需要培养的最重要的能力是什么呢？难道我们不能回答是控制自我的能力吗？构成人类和野兽主要区别的，正是这种能力。也恰恰是因为这种能力，人被定义为可以"瞻前顾后"的动物。文明的种族之所以优于未开化的人，就是因为他们被赋予了较高的自我控制能力。理想的人的其中一项造诣，就在于具有高超的自我控制能力。

不产生感情冲动，不被任何一个占上风的欲望所左右；而是懂得自我克制，自我平衡，受集会中感情的共同决定所控制，任何一个行动都要提前经过充分的辩论，沉着地作出决定，这就是教育——起码是道德教育——力求得到的结果。

但是自治的能力，和一切别的能力一样，只有通过练习才能获得发展。谁希望可以在成年时控制自己的感情，就一定要在青年时就练习控制自己的感情。看看强迫制度的荒谬吧！这种制度，不让一个男孩习惯于像在下半生要求他那样让他自己执法，却在为他执法。这种制度并非在为他必将脱离父母养育的日子作准备，诱导他确定自己行动的界限，自愿将自己限制在这些界限里面，却为他将这些界限标出来，还这样说："越界非常危险，自己对自己负责！"这里有一个几年以后将成为自己的主人的人，当他即将适应这一情况时，却根本不让他做自己的主人。即使在别的一些事情，一些成人将来一定要做的事情，认为儿童应该提前进行很好的练习，然而在最重要的那件事情上——对自己的控制——却认为他练习得越少越好。那些曾经接受最严格的纪律培养的人往往成为最粗野的人也就不值得奇怪了，产生这样的结果正是他们所期待的。

的确，不仅在体力方面没有能够让青年们胜任未来的职位，还绝对倾向于让他无法胜任。如果苦役是他命中注定的——如果他的下半生一定要生活在俄罗斯的专制君主的统治下，或者是美国棉花种植园主的管理下，最好的训练方法，就是让他对随后必须采取的完全服从的态度的训练方法习惯。然而，这种待遇不过是达到让他适合苦役的程度，千万不能让他适合在自由的人们里做一个自由的人。

然而，到底为什么需要教育呢？儿童为什么不自发地成长为正常的人呢？为什么一定要对这个倾向做出约束，对别的情操予以激励，从而利用人为的辅助物，将心智塑造成和它自己可能变成的东西不一样的呢？这不是自然界的一种反常吗？一切别的天地万物，我们可以发现，没有外界的帮助，种子和胚胎也可以达到完全成熟。将一粒橡树籽扔到地上，在适当的时候，即使没有经过修剪或栽培，它也可以成为一棵健康的橡树。通过几次蜕变，昆虫不用外界的帮助，也能达到它最后的形态，具有所有必不可少的能力和本能。不用强迫让幼鸟或者四足的动物采用适合未来生活的习惯。它的特性和像它自己的身体一样，已经自发地对它必须在世界上扮演的角色完全适应了。那么，为什么会发生这样的事：只有人类，只有人类的心智往错误的方向发展自己呢？对此，难道不是必然有某种特殊的原因吗？显然是有原因的：如果真的是这样的，那么真正的教育理论一定要承认这个原因。

让人适合于他原始食肉状态的道德品质，和让他适合于种族繁殖所导致的社会状态所需要的道德品质是不一样的，这个事实是无可争辩的。我们前面的研究结果可以表明，适应的规律会对一种品质向另一种品质的转变产生影响。像我们这样在这种转变中生活，一定可以发现很多的现象！这些现象，也只能根据现在人类对这两种状态，是局部的适应，而没有完全地适应这两种状态的任何一种来解释——只是丧失了一点点原始生活所需要的倾向，还有不完全地获得社会生活所需要的倾向。上面所说明的反常现象，就是这两种情况中的一个。每一个世代错误地发展自己的趋势，可以表明这种变化的程度还没有出现。儿童需要遏制的那些地方，恰好也是他像未开化的人的那些地方。喜欢破坏，撒谎和小偷小摸，虐待低等动物，托儿所里的自私争吵，操场上的迫害——所有的这些都可以看到牺牲别人而满足自己的趋势，这种趋势让人不适合文明生活，而适合野蛮生活。

然而我们看到，人的品质和他的环境之间产生的不协调正在被进行补救。我们同样看到，那些未开化的人的本能一定会因为虚弱而凋谢。社会状态所唤起的情操一定是通过练习而获得发展的，同时如果保持生活的规律不变，这种变化将会一直继续下去，直到我们的欲望和我们的环境实现完全的一致为止。于是当德性变成有机的最后状态到来的时候，儿童性格发展中的这种反常现象将不会再存在。青年人也将不再是自然界的例外——不会像目前这样，趋于长成不适合下半生的要求，而将自发地自行展开为理想的成年期，他的任何一个冲动都会和道德法则的命令相吻合。

所以，就教育谋求塑造性格而言，它不过是在为一个暂时的目的服务，同时像别的机构因为人不适应社会状况的结果，最终一定会消亡。于是我们看到，强迫训练制度是怎么样加倍的和道德法则不一致。这种训练制度不仅一定是会违反道德法则的，而且它这样枉费心机地想要做的工作，当道德的法则登上最高权力的巅峰时，也不用去做了。家庭范围的约束力，与地方行政官的约束力类似，不过是不道德的行为的补充。我们发现不道德的行为可以用不适应来解释，而不适应迟早有一天是会终止的，所以这个旧时的教育理论所提出的假设，最终将会变成谬论。戒尺和棍棒，和警察手里的手铐和棍棒一样；监狱看守的钥匙，各民族互相斗争所用的刺刀、剑还有大炮，全部是不义行为的产物——它们只有在获得不义行为的支持时才是存在的，而且一定会分担它们主人的邪恶。因此各种形式的强制教育或别的各种形式的强制的来源，是人的各种缺陷——它靠着那些缺陷进行统治——当统治者是公平时，强制一定会让位，因此本质上都是错误的。

这里自然让我们又一次指出完善的法则与不完善的人之间必然出现的不一致。无论前面所讲的理论可能有无论什么样的乌托邦主义，并不是因为这些理论存在什么谬误，而是因为我们自己的过错。部分的行不通绝对不能让我们困惑；恰恰相反，这是处在意料之中的。在对待儿童和任何别的事情方面，我们和纯道德状态之间的距离，一定是和我们遵照道德法则办事的困难成比例的。然而，并非由我们来夸大和考虑这种困难。我们的道路十分简单。只要我们尽全力履行法则，相信我们目前的状况所必需的限制一定会表明是无法抗拒的。

同时我们还要指出，正确进行教育的主要障碍其实来自于家长，而不是儿童。并非儿童们没有感觉到那些比压力的影响还要大的影响，而是家长的德行无法对这些影响加以运用。父母们对子女不正当的举止为他们带来的烦恼进行了夸大，奇怪地假定所有过错都是因为子女的不良倾向，而他们自己则一点责任都没有。虽然他们在严重的失败当中承认自己是可怜的罪人，然而听他们控诉不顺从的子女，你也许会觉得他们自己是完美无缺的。他们忘了，他们子女的那些堕落腐败的行为，其实是他们自己的堕落腐败行为的翻版。对这些常受责骂和常遭殴打的孩子，他们并没有一个足够清楚的认识，有很多的镜子都可以反映出他们自己的自私。他们对子女和子女对他们的行为下断言同样是不成体统的，这将让他们觉得惊讶。然而，只要是公正的自我分析都能够表明，他们发布的命令，更多的是满足他们自己的方便，而不是纠正错误。一个被打扰的父亲冲着一群吵闹的少年大喊："我讨厌吵闹！"吵闹声没了，他自认为已经为让家庭保持良好的秩序做了一些事情。也许是的。然而他是怎么做的？通过显示他试图制止子女吵闹的同样不良的倾向——决心为了自己的幸福，而将别人的幸福牺牲。也可以对倔强儿童是在什么冲动之下被惩罚的情况进行观察。严厉的目光和抿着的嘴唇，表明了一个被冒犯的统治者的怒火，而不是对出现过失的人的幸福的担心——表示的内心思想是这样的："你这个小坏蛋，我们马上就能看到谁才是主人。"找到这种思想的根子，将会发现父母权威的理论并非出于他对子女的热爱，而是出于他的爱好统治。谁怀疑这一点，就让他听一下一般的谴责话语好了："你怎么敢不听我的？"然后细品一下这个着重点意味着什么，不，不，即使现在，道德力量的教育也是完全切实可行的，只要家长们足够文明地对这种教育加以运用的话。

然而，障碍当然有一部分是相互的。即使像我们目前所了解的最好的儿童期的样本，有时靠劝告也是无法控制的：当我们一定要对待较差的性格时，如果没有采用强制的做法，困难必然会成比例地增大。不过，忍耐、自我的克制，对青年人情绪的充分认识，还有对他们应有的同情，再加上在方法的选择上稍微机灵一点，通常是可以将我们所希望的一切完成的。家长只要让自己的行动、言词和态度表明自己的情感是完全正确的，他一定能将孩子胸中相应的情感唤醒。

还有一种反对意见值得关注。可能可以这样说，如果儿童拥有和成人一样的权利，那么儿童和成人一定同样地享有公民权，并且应该同样被赋予政治权利。这个推论乍看上去会让人吃惊，得出这个推论的那些人的胜利的神态，还有他们反思这个推论让人联想到的荒谬时发出的微笑，都是很容易想象出来的。但是，这个回答非常简单，是具有决定性的。要想产生矛盾，一定要有两件事：在提出指责之前，得先说明在两件出现了矛盾的事情里，哪一件是错误的。眼下的这个例子，政府机构和平等自由法则的后果分别是矛盾的双方。两者之中，该受谴责的是哪一方呢？上面的那些反对意见，不言而喻地假定，应该对平等自由法则的后果进行责备；而事实恰恰相反，该对政府机构予以批评。如果政府机构本质上是正确的，我们就有假定我们的结论是谬误的理由了；然而既然它是不道德的产物，就一定要责备它和道德法则的冲突，而非责备道德法则和它的冲突。假如道德法则得到了普遍的服从，就不会存在政府；同时如果不存在政府，那么道德法则就无法支配儿童的政治权利。所以，被指称的荒谬，都是因为现在社会的不良素质，而不是我们的结论存在缺陷。

所以，关于将平等自由的法则向儿童推广，我们一定要说，公平在命令这样做，权宜之计在建议这样做。我们看到，可以像成人的权利从相同原理用相同的论据推断出儿童的权利；而否定儿童的权利让我们陷入了困惑，而且好像无法逃避。子女的奴性和野蛮状态的联系——子女的奴性与社会的和军事的奴役之间明显的亲属关系——以及子女的奴性会随着文明的进步而逐渐衰退的事实，表明这种奴性是消极的。用强迫方法对待儿童的这种做法是错误的，还能够从以下几个方面进行证明：强迫方法根本无法将道德教育的主要目的——培养同情心实现；这种方法具有引起对抗和憎恨情感的隐患；这种方法一定会遏制重要的自我控制能力的发展。但是在另一方面，非强迫的方法因为对高尚的情感有利，通过对这些情感进行锻炼，一定可以让性格得到改善，同时也一定能让儿童对自由的环境习惯，他将在这样的环境里度过他的下半生。还有有人已经证明，儿童道德训练的需要本身仅仅是暂时的，所以，真正的亲子关系的理论必然不能像命令和服从的理论那样，先假设这种需要是永久的。最后，我们有充足的理由，将这些结论和我们日常经验之间的差异，并不归因于结论本身存在什么错误，而归因于完善的法则和不完善的人性之间必然存在的矛盾。

第五章
国家教育

什么是教育呢？在学校的教学和最全面的大学课程当中，能在什么地方画一条线，可以将属于国家的和不属于国家的精神文化公正地分开呢？

有什么特性，能是在读、写和算里就具备，地理、历史、绘画和自然科学就不具备的，能够让还不成熟的公民有权利要求将它们教给他的呢？是不是因为计算有用才一定要让学生学习计算呢？那么为什么让学生学几何？木工和泥瓦工会给我们答案。为什么让学生学化学？我们能够从染色工和漂白工人那里得到答案。为什么教生理学，这一点从健康情况较差的面色可以得到充分的证明。天文学、力学、地质学和这些相关的科学——难道不应该教给学生这些科学吗？它们都是有用的。我们可以用来决定各门不同知识价值的计量单位在什么地方呢？或者说，假设这些价值已经确定，那么又如何能够表明一个孩子可以要求具有这样那样价值的民权知识，而非具有某种具有较低价值的知识呢？当那些要求国家教育的人可以确切地说多少是应得的，即可以同意年轻人什么有权利接受，什么没有权利接受，那就可以倾听他们的请求了。然而，在他们将这个不可能做到的事情完成之前，他们的请求是不会得到考虑的。

如果这些提倡立法知识教育的人可以为他们的理论提供证据，他们将会遭到蒙骗而陷入悲哀的圈套。这是因为，说政府应该为人民提供教育，这是什么意思呢？为什么应该为人民提供教育呢？教育的目的是什么呢？显而易见，教育的目的是让人民适应社会生活，让他们成为良好的公民。那么谁可以说什么样的公民才是良好的公民呢？政府可以说。再没有别的评判人了。那么谁可以说这些良好的公民应该如何培养呢？政府可以说。也没有其他的评判人了。因此，这个命题就可以变化为：政府应该将儿童塑造为良好的公民，它能够考虑决定什么样的公民才是一个良好的公民，如何才能将儿童塑造为良好的公民。它自己首先一定要形成一个明确的典型公民的概念，然后，还要精心搞出一套训练制度，最适合按照这个典型进行公民的培养的训练制度。政府会全力地推行这个训练制度。任何一个政府都要证明严格执行在它看来最好的计划是正当的。

如此一个小小的命令，它遍及每一个行动，且绝对不容许拒不执行，国家教育理论就是这样得到了合法的实现。政府是不是误解了公民应尽的义务，它所采用的训练方法是不是判断得当，这些并不是问题的关键。按照假设的前提，政府被授予了履行一个特殊任务的权利。关于这个任务，政府并没有现成的、可以将其完成的方法。因此，除了选择在它看来最合适的方法以外，它并没有别的选择。与此同时，也不存在高一级的、可以批准或质疑它的判断的权威，无论计划什么样，绝对执行都是合理的。关于政府应进行教育的主张，一定要提出更进一步的主张，说明教育是什么，应该如何开展教育。我们看见这种严格的教义，在一个事例里是逻辑上必然的结果，在另一个事例里，同样也是逻辑上必然的结果。

然而有人会这样辩解，家长，尤其是那些子女最迫切需要教学的家长，并不知道什么样的教学是优良的。密尔说过："在教育这个问题上，政府进行干预合理；因为关于这个问题，消费者的兴趣还有判断对商品的优质不构成足够的担保。"

十分奇怪，这样一位具有远见卓识的作家竟然满足了这一十分陈腐的借口。这种将人民认定为无能的说法，还曾被视为一切国家干预行为的借口。

如果说立法控制是不是适宜要根据情况而定，那么对有些条款来说，消费者的判断足够了，而对另一些条款来说，消费者的判断是不够的；因为难以确定教育的质量，因此教育被放进了后一类条款的行列中；对于这些，回答依然是：这些为一切干预辩解的话已经说过很多次了。提倡向官方法规求助的人，引述了大量的剂量，种种觉察欺诈的困难，以及无数表明买主没有能力保护自己的事例；每一个事例都在提出不管怎样在这里要有官方法规的诉求。然而，经验的确将这些推断依次驳回，从而教导我们，从长远的角度来看，消费者的兴趣并不只是所消费的东西优质的有效保证，而且是最好的保证。那么，无数次地信任这一好像很有道理的骗人结论，难道还是理性的？说得更确切一些，无论外表看来情况相差的多么大，选择教育这种商品，都和选择所有别的商品类似，能够让买主自行处理，这非常安全。这样的推论还不合理吗？

人民终究不像他们看上去那样，无法胜任评判教育的这个任务。

这样的推论好像是更加合理的。那些学识较差的家长通常可以很快分辨出优良的或不良的教学结果，会注意到别人子女身上的这些结果，并采取相应的行动。再者，他们很容易将接受过较好教育的人作为榜样，进行模仿，选择同样的学校。或者他们还能够通过请教别人来克服自己的困难；而且通常有人可以并愿意为那些没有受过教育的家长，就他关于教师的问题，给出信得过的回答。最后还有价格的检验。教育和别的东西一样，价格是价值的一个还算可以的可靠指标；它对一切的阶级都是公开的；在学校问题上，它是获得了穷苦人本能的喜爱的，因为，众所周知的是，他们对那些非常低廉或者免费的教学态度十分冷淡。

不过，即使承认判断的这个缺陷实际并没有人们说的那么严重，然而缺陷依然是巨大的，干预的需要还是将遭到否定。弊病正在得到纠正，和一切类似的弊病都已经得到纠正一样。和他们的父母相比，青年一代将对什么是良好的教育有更好的了解，他们的后代对什么是教育也将会有更清晰的理解。那些认为过程缓慢是干预的一个充足借口的人，一定会对所有别的事情都进行干预；因为作为国家干预的一个老借口，要医好无知这种毛病需要循序渐进。消费者和生产者的错误，往往需要几个世代的时间才能得以纠正。

　　商业、制造业，尤其是农业，很多的改进基本都是在不知不觉地进行的。举一个轮种的例子，如果在某种情况下行动迟缓是进行干预的正当理由，那么为什么别的情况不可以呢？要农民彻底接受近代科学所提出的各种计划通常需要一个世纪的时间，为什么政府不对农庄进行监督呢？

　　如果我们充分地认识到这个事实，即社会是生长物，而非制造品——是自己制成的东西，而不是人为地制造出来的东西——我们将会少犯很多的错误。同时我们应该看到，除了别的不完善以外，群众无法辨别教学优劣的问题正在得到克服。

　　在教育问题上，如果有人认为"消费者的兴趣和判断并不能提供确保商品优质的充足保证，所以觉得政府的监督是必须的"，他们提出了一个问题很大的假设，即政府的兴趣和判断就可以提供充足的保证。目前驳斥这个假设，我们的理由十分充足，不，甚至我们可以断言，如果考虑到未来政府的兴趣和判断能提供的保证极少的话。

　　关键在于如何最好地开发心智：这是一个最为困难的问题。甚至我们存在疑问：是否可以说这是最困难的问题。要想将这个问题解决，需要做两件事。第一，应该清楚塑造成什么样的心智。第二，要清楚这样的心智要如何进行塑造。目前让我们从塑造的工作转到塑造者。无疑他们是教育者：其中有很多的人本意是非常好的；有些人的考虑十分周到；少数人哲理性很强；但是大部分的人都来自于富贵人家，并且很容易将人类的事物视为反映在富贵人家的事情——而且还有些歪曲。其中大部分人过着十分舒服的生活，所以安于现状。对他们来说，家庭的盾形纹章上如果写着"艰苦努力"等古代箴言，那将是极大的幸福。至于说他的社会理想，要么是感伤的封建主义，要么和现在的国家有几分相像，人民一定要尊敬上司，要么是让所有的劳动者都成为效率最高的生产工具的国家，最后，财富的积累实现最大可能的程度。此外，他们的道德训练观点通过维护死刑和将子弟送进实行鞭打刑罚的学校和他们自己受教育的地方表现了出来。关于商品——指的是教育——这种判断是安全可靠的吗？显然不能。

这些教育者的"兴趣"更少可以信赖。虽然他们的兴趣和人民的兴趣不一样，但是它一定会被优先照顾，这是不可避免的。在别的情况下，那些支配着统治者的、有意识的或无意识的对私利的追求，在这里将同样会支配他们，当人们的性格是目前这个样子的时候，不这样做是不可能的。随着不平等的税收分配，居民代表的非常不公正的任命，裙带关系——好的位置都被姓格雷和埃利奥特的人占据，用人编制大大超出需要，给没有领受资格的人滥发抚恤金，保留官员、解雇平民的紧缩制度，以及陆军、海军、地主和牧师有关系的国会议员的投票等种种这些情况的出现，我们可以坚信，管理国家教育，将是为了在位者而非全民族的利益。

希望出现别的任何情况，就会犯缘木求鱼的老错误。对于目前这个样子的人和事物而言，如果将希望寄托曾经让一切别的机构腐朽的种种影响，不会让这种机构腐朽，那就再也不存在比这个幻想更加乌托邦的了。

所以，即使在教育的问题上"消费者的兴趣和判断不是确保商品优质的充足保证"这句话是对的，用政府的"兴趣和判断"来取代消费者的"兴趣和判断"这种做法是否理性，也并不显而易见。确实，也许可以这样说，这个论据只能证明现在的政府不适合成为国民的教师，而无法证明正常组成的政府同样不胜任这一项工作：一定要先假设政府应该是个怎样的政府。鉴于决定一个政府应该做什么是研究的对象，这个问题的回答是，这个主张的性质一定要下降到现在情况的水平。立法监督的要求是根据现在人民不完全的"兴趣和判断"；所以，在批评这个要求时，我们一定要针对现在的政府。我们的推论不能建立在将政府视为应该是那样的政府的基础上；因为在政府成为它应该是那样的政府之前，谈不上人民的"兴趣和判断"哪里不完全。

设置国家机构，让公众的智力修养得以提高，并委托政府对这个机构进行监督，实际的情况告诉我们这样的做法是失策的。任何一个这样的机构的精神都是保守的，而非进步的。出于自身利益的角度考虑，所有的机构都具有自我保存的本能。因为它们的活力依赖于维护现存的安排，所以它们自然会坚持这样的安排。过去和现在是它们的根基所在，而不是将来。变革会对它们构成威胁，会改变它们，最终将它们毁灭；因此它们会一致地反对变革。另一方面，严格地说，教育是和变革紧密联系在一起的，教育是变革的先导——是永不停息的变革的动力——总在让人们适应更高一层的东西，不让它适应现状。因此，机构的生存本身依赖于人们继续保持现状，这些机构和真正的教育——让其超越现状的工具之一——之间，是必然存在不一致的。

考虑到设计出来传播知识的组织，本身就没准是知识的压制者，这阻挡的趋势就愈发明显了。比如有人这样说，牛津大学是最后承认牛顿哲学的场所之一。我们又在洛克的传记里读到了这样的一段话："在牛津大学一次有各学院的舍监参加的会议上，有人建议对阅读洛克的《人类理解论》的人进行指责和劝阻；多次辩论之后，结论是不作任何公开指责，不过各学院的舍监要尽全力防止他自己的学院有人阅读这篇论文。"再比如在伊顿公学，在雪莱的时代，"化学是遭到禁止的东西"，甚至化学论文都被排除了。这些由捐赠基金创办的院校，都存在将革新拒之门外的习惯，不管是谁想要寻找改进教学的方法或者更好的课程，这些院校就是他最后得去的地方。

各个大学对自然科学的态度，始终是傲慢，不予承认。学院当局积极或消极地抵制将化学、生理学、地质学等定为考试科目已经很久了，只是近来迫于内部压力，以及担心被竞争的院校所取代，才战战兢兢地开始增加新的课程。

目前，虽然惯性力可能用处很大——虽然官员们的抵制产生了作用——虽然我们决不能对这种给予各院校活力的自我保存的本能表示埋怨，因为它通过拖延的衰老过程对它们表示支持——但是我们还是能够明智地拒绝增加它自然的影响。我们的社会经济非常需要存在一股改革的力量和保守的力量，也许这两种力量的合力代表了进步；但是人为地制造一方对另一方的优势是极为失策的。

无论如何，建立国家教育就是这样的事。教学组织自身还有对教学组织进行指导的政府倾向现有的事物将是不可避免的；让现有的事物控制国民心理，就是为它们提供了压制对应有事物的期望的工具。这些学校将只允许仿佛和它们自我保存相同的文化，而对于那种可以推动社会进步，进而能够威胁到它们自己基础的文化，换句话说，最有价值的文化，它们将会表示反对。

乐观的人可能会希望这都是过去的规则，未来不会是这样的规则。请他们别自欺欺人。只要人们还在追求私人的利益，而将共同的幸福牺牲，换句话说就是只要还需要政府，这将总会是正确的。随着人们不再那么不正当地追求私利，这种趋势无疑也就不会那么明显了。然而他们缺乏完全的真诚到什么样的程度，既得利益也就会支配他们到什么样的程度，学校也就会对变革持抵制态度到什么样的程度。

很多国家教育主义者显示出的情感，和这种幼稚的急躁情绪有点像。他们和他们那种类型的人表明他们对自然力量缺乏信念——基本不知道这种力量的存在。他们同样对法律规定的进步速度不满。对所设想的自然的失误进行补救，他们都采用人为的方法。最近几年，人们突然意识到了教育人民有多重要。他们这种意识极为短暂，因为他们的态度是从冷淡或者甚至带着敌意突然变成了热情。他们以最近改变信仰者的所有热情等待着他们所希望的结果；他们并没有获得满足，所以这种不合理的心理状态永远伴随着他们，因为并没有在一个世代以内完成从普遍的愚昧前进到普遍的启蒙的过渡。人们可能想过，任何一个人都很清楚，在我们这个世界当中，所有发生的巨大变革全部是缓慢的。陆地的隆起速度是一个世纪一英尺或两英尺。河流三角洲的沉积需要几万年的时间。荒芜的礁石转化为可以维持生命的土壤得无数个时代。如果有人觉得社会按照不同的法则进步，那么就让他们读一读！将欧洲的奴隶制度废除，难道不是需要整整一个基督纪元吗？至少直到废除为止。从象形文字发展到印刷术，不是经过了一百个世代的生命历程吗？科学、商业和机械技能的进步速度，不也同样的缓慢吗？然而人们却对可怜的五十年还没有彻底完成的群众启蒙感到失望！虽然这个时期内取得的进步，已经远远超出了冷静的思想家所期望的程度，也远远地超出了从前人类进步速度所预示的地步——然而这些不耐烦的人简单化地谴责非官办制度彻底地失败了！一个自然的过程——一个自发地建立起来的制度——一个国民心理已经开始自我发展的过程被嘲笑了，原因是它没有在人类生命中不过一天的时间里将全部转化完成！然后，为了弥补自然的无能，一定要由立法机关拨弄来让发展加快！

当然，设法用人为的手段来传播教育有这样一个借口，就是急于打算降低犯罪的渴望，教育被看作预防犯罪的措施。麦考莱说过："在我们看来谁有绞死人的权利，谁就有教育的权利。"马蒂诺小姐在一封阐述曼彻斯特管区制度的信中说："政治经济学反对为教育的目的征收地方税是我所无法理解的。仅仅是一种督察税，这种地方税将是一桩非常划算的事情。它要远远少于我们目前为少年堕落行为的开销。"在这两段话里都能看出来包含这个流行的信念。

　　很多持有这种看法的权威人士，我们表示尊重，但是这个信念是否真实，是值得怀疑的。我们没有可以表明通常所理解的教育是预防犯罪的措施的证据。报纸上曾经连篇累牍地反复登载的文章得意洋洋地讲述着受过教育和没有受过教育的罪犯的比例，其实证明不了什么。在作出任何推论之前都得表明，这些受过教育和没有受过教育的罪犯是从社会的两个相等的部分中来，除了知识方面，一切别的情况都完全相同——社会阶层和职业相似，有类似的优势，在类似的诱惑下劳动。但是这非但不是事实，而且全都是谎言。有不少无知的罪犯来自环境最为不利的阶级；而少数教育经验丰富的罪犯则来自环境十分有利的阶级。按照目前的情况来看，推断犯罪是因为肉食的缺乏，或者因为居住的房间通风很差，或者因为他们的衣衫褴褛，都是符合逻辑的；因为，如果对一所监狱的犯人进行盘问，一定会发现，其中的大部分人都存在这种情况。愚昧和犯罪并非因果关系，它们是同一个原因同时产生的结果。完全没有受过教育的人，就是和有最强烈的做坏事动机的那些人一起生活的人；部分的受过教育的人，就是受较小急迫引诱的阶层的人；接受过良好教育的人，就是生活在几乎非一般犯罪动机所能及的地方的人。所以，至少根据上面说的这些统计，愚昧仅可以表明存在导致犯罪的各种影响，不能被认定是犯罪的原因，就像并不能认定气压表的下降导致了下雨一样。

　　事实是在道德与通常的教学训练之间，绝对没有任何联系的存在。只是理智的培养（一般进行的教育基本就是这样）对行为基本没有任何作用。粘贴在记忆里的信条，通过死记硬背学会的原则，和是非曲直有关的讲课，并不能将不良的性格倾向消灭，虽然人们置他们作为家长和公民的经验于不顾，坚持希望它们可以将不良的性格倾向消灭。所有种族和个人的历史都可以证明，在大部分的事例里，训诲根本一点作用都没有。在训诲好像起了作用的地方，其实真正起了作用的并非训诲，而是对训诲作出反应之前就已存在的感情。理智并非一种力量，而是一种工具——不是本身可以运动和工作的东西，而是被它背后的力量推动才能工作的东西。人们为理性所统治的说法，和人们为他们的眼睛所统治的说法是一样的荒谬。理性是一只眼睛——通过它可以看到满足的道路。养护眼睛只是让眼睛更加明亮——让眼睛看得更加准确和全面——根本无法改变理性所推动的愿望。无论你看得多远，理智运转的方向——理智应研究的对象都将由感情决定。理智可以完成的目的，只能是情操或本能所提出的那些目的；培养理智，不过是提高完成这些目的的能力。可能有些人会主张教育人们让他们了解自然和做坏事联系的惩罚；从某种意义来说，是正确的。然而这不过是表面上的正确。虽然他们可能了解比较严重的犯罪一般会带来某种惩罚，他们不会清楚比较细微的犯罪也要惩罚。他们的过错只能变得更加的不择手段。

事实上，说这件事注定失败是有十分充足的理由的——就像这件事根本无法办到的理由一样。期望犯罪很快可以治愈，无论是通过国家教育，还是不允许犯人相互交谈的监禁制度、分居制度，或者任何别的制度，都是这些自夸实际可行的人们陷入了乌托邦主义的表现。除了利用适应人类所经历的社会状态的逐步的过程，犯罪是不可能治愈的。犯罪就是不断地突破旧时不适合的本性——不适合环境的性格的标志——唯有尽快地减少不适合，才有可能减少犯罪。希望有某种方法可以迅速制止犯罪，事实上是希望有某种方法可以迅速地制止所有的弊病——政府、法律、征税、贫穷、等级制度等；因为这些和犯罪是同出一源的。不对人们的本性进行改造，而对人们行为进行改造是不可能成功的。

不通过缓慢地让我们具备文明行为的种种力量，而直接地期望可以改造他们的本性都是空想。说各种训练或教化制度具有的用处，都是根据它们有组织地改变民族性的程度而言，而且它们绝对不能很大程度地改变民族性。要想将要求的变革实现，主要并非通过人力设计的各种手段——虽然这些手段可能很不错——而是利用环境对人们施加的永不停止的行动，利用他们新的环境对他们的经久的压力。

与此同时我们能够指出，教育所可以实现的、不管什么道德上的好处，都是要通过情感的教育来实现，而非理解的教育。如果代替让儿童理解这件事是正确的，另一件事是错的，你让他感到它们是这样——如果你让善行得到热爱，罪恶受到憎恨——如果你可以唤起一种高尚的愿望，而让迟钝麻木成为低级的愿望——如果你唤醒过去潜伏的情操——如果你可以让富有同情心的冲动去改善自私的冲动——总而言之，如果你可以产生一种精神状态，让正当的行为成为自然的、自发的和本能的，那么就可以说你做了一件好事。然而教义问答的练习，道德准则的教学都做不到这一点。只有通过反复地唤起适当的情绪，才能改变性格。只是通过理智接受的观念，而缺乏来自内心的——在那里没有根子——对行动没有任何作用，进入实际生活后，很快就会被遗忘。

可能有人会说，上面描述的训练是唯一有效的方法，可以由国家来执行。这无疑是可以的。不过，愿上帝保佑我们，别再由立法试图进行情感教育！

但是还有一个问题。正如我们经过严密的考察分析后发现的，政府通过济贫法，并不能真正地解决贫困，只能让贫困从社会的一部分转移到另一部分，这个观点看起来让人震惊；我们还会发现，政府事实上也根本不能进行教育，而能做的也不过是让另一些人不受教育，从而实现了让一些人接受了教育。如果在对这个问题展开热烈的讨论之前，为教育做出一个谨慎的解释，那么他们可能已经发现了在这个问题上，国家其实无法提供真正的帮助。然而不幸的是他们已经忘了这样做，他们的注意力完全都局限在了学校进行的教育上，忽视了研究他们的计划对学校教育结束时所开始的教育的影响。当然并非他们不清楚这种日常工作的训练也一样有价值。事实上，比教师的训练价值更高。你们也许总能听到他们这样议论。不过以计划者们一般表现出的热情，他们会对他们所提出的机制的作用进行专心致志的研究，而将它的反作用忽视了。

在所有的品质中，人们最需要的是哪一种品质呢？群众的贫困，可以归因于哪种品质的缺乏呢？那些缺乏远见的群众，又少了哪种品质呢？自我克制——为未来的大满足而牺牲现在小满足的能力。一个具备了相当的自我克制能力的劳动者，绝对不会在小酒店里，将他星期六夜晚的工资花掉。如果手工艺工人具备足够的自我克制能力，他就不可能在富裕的时候过分奢靡，而导致以后没了生活来源。更多的自我克制能够避免可出现轻率的婚姻和穷苦人口的增长。如果没有铺张浪费，没有酗酒，没有那些不考虑后果的繁殖，社会苦难可能没有多大。

再考虑一下如何提高自我克制的能力。只是通过严厉的体验，什么事情都能干。这种自我克制能力得逗引才能出来——教育的工作一定要交给自然的训练，并且允许承受他们性格的缺陷伴随的痛苦。轻率行为的唯一治疗是轻率行为不得不承担的痛苦。除了让他直接面对严峻的必然性，并且让他觉得它的法则是多么冷漠，多么地缺乏同情心，除了这些以外，没有什么东西可以改进没有管理好的欲望。

我们曾经表明，人性和人类生存条件之间设置的一切东西——济贫法等缓冲作用的后果——只能够抵销治疗和延长痛苦。我们永远都不能忘记，不管怎样，法律乃是对环境的适应。如果我们将人们安置在人为的、错误的环境里面，而不让他们接触他们所处地位的真实环境，那么他们将会适应这种人为的环境，而最终结果是被迫承受重新适应真实环境的痛苦。

第六章

论诗歌

　　这里，我不妨抓住这个适当的机会，说一些和我对诗歌的爱好有关的内容。我之前给我的朋友洛特写信，讨论和《解脱了束缚的普罗米修斯》有关的内容，丰富的情感让我写下了这样的一句话："只是因为诗歌，我才曾经变得饱含热情。"在我看来，我之所以这样说，是因为这样一个事实：诗歌让我一个有机的需要得到了满足——多样化。我之所以说是有机的，是因为我能够感觉到，这个需要贯穿了我的体质，从对食物的爱好开始。饮食单调不只会让人厌恶，还很快就会导致消化不良。一种类似的特性仿佛充满了我的神经系统，一直到它最高的分枝。整个结构和结构的所有部分，以非常快的速度达到了正常活动的极限，如果超过了这种极限，进一步的活动一样是不爽快的，是有害的。

　　无论这个事实这样解释是不是对的，这个事实本身是毋庸置疑的。甚至在我小时候，就对收尾有叠句的民歌十分厌恶；年龄稍大一些的时候，这种厌恶发展到了作呕，甚至增强到了恼怒的地步。对于这种没有任何意义地重复一个观念，有一种因为共鸣而感觉到的羞愧感。不过我也承认，在少数的情况下，比如要强调连续增长的情感，进行重复不仅是非常适合的，还是非常有效的（比如在坦尼森的《伊诺尼》中"啊，Mother Ida，在我死之前，听我讲。"）。但是，通俗诗歌所特有的重复是没有任何意义的，而且还表现出了幼稚的思想贫乏。

仿佛是源于差不多的情况，我曾经长期对史诗都没有什么兴趣——不爱好，部分是因为基本没有变化的表达工具的形式，部分是因为素材的变化较少的性质：记事、插曲、奇遇——常常很多都属于相似的东西。我的感觉是众所周知的，差不多在二十年前，为了对早期希腊人的迷信行为进行研究，我开始翻译古希腊史诗《伊利亚特》，在看完六卷后，我觉得继续下去，我将面临一件十分艰巨的任务——我甚至觉得宁可花一大笔钱，也不想将剩下的部分读完。略去书中那些让人厌烦地列举服装的文章，战车和马匹还有给人打击和受到打击的琐碎细节，简直连篇累牍，更不用说孩子气地重复描述性的词语，比如穿戴盔甲的希腊人、留着长发的阿基加人、驯马的特洛伊人，等等（和问题没有关系的表示性质、特征的形容词是有坏处的）；略去不少荒唐的事，比如在一次战役里介绍一匹马的家系；不反对题材的不断诉诸残忍的激情和没有开化的人的本能；只是要说，喋喋不休地重复一次次的战役以及演说让我无法容忍就可以了。即使里面提出的思想可以引发愉快的感情，在素材和方法上没有足够清晰的对比也让我十分反感。别的史诗也是一样，让我同情的主题，也是一样。比如在我阅读但丁的作品时，我立刻开始要求描述方式的变化和材料质量的变化，材质过于华丽、结构充满美但是轮廓不美——一件华丽的、做工不怎么样的衣服。

另一个要求——所有我喜欢读的诗歌，都要具有强烈的感情。我曾在别的地方讲过："虽然包含的材料是理想化的情感，但是表达的工具是情感的理想化的语言。"所以情感被视为诗歌的本质，我始终觉得，一篇优秀的诗歌，一个不可或缺的特征，就是强烈的情感。如果不具备明显的情感，那么散文是更恰当的表达工具；只有情感明显增强时，才适合用韵律的形式表达。无疑是因为这一点，我只有几分为沃兹沃思所吸引。在沃兹沃思所有的作品中，我承认非常美的诗歌有很多，但是在我的感觉当中，他的大部分作品是啤酒，而非葡萄酒。

为了执行我前面讲的概念，我偶尔也会主张最高形式的诗歌，一定要是形式不断地随着材料而变化的；随着情感波的增强或变弱，而让它的诗歌特征上升或下降——时而下降到韵律只有一点儿，和以只有中等强度的词和形象作为特征的散文，时而利用各种等级，上升到韵律明确、隐喻的抒情生动的形式。我曾经试着创作一些具有这种形式的多层次作品，然而重大的成就需要具备出类拔萃的天才。

我当然不能谈别人的要求；不过我的要求是——少量的诗歌，并且是最优秀的诗歌。甚至真正的诗人都太多产了。如果他们没写那么多，只写现在总数的四分之一，那么这个世界将会从中得利。对于打油诗人和小诗人，他们仅仅是帮助将优秀文学湮没在一批差的文学里面。这种不断地将旧的材料重新写成稍稍有些不一样的形式——不断地去描绘天空和星星，描绘海洋和溪流，描绘树林和花卉，描绘日落和日出，描绘微风的吹拂和群鸟的歌唱，等等——有时候是描写这些熟悉的东西本身，有时候是用在俗套的隐喻里，有些已经彻底让人感到疲倦了。一般这样的诗歌并不是像泉水那样涌出来的，而是抽出来的；这样抽出来的诗歌没有读的价值。

如果有办法，没有谁应该写诗。如果可能，那就应该让他忍住不写；然而它如果喷出来了，那就可能是有价值的。

第七章
论艺术

在库格勒的《绘画手册》一书中，我读到了这样一段关于拉斐尔之死的话："人们带着宗教崇拜的心情来看他的作品，仿佛上帝通过拉斐尔揭示他自己，和从前通过先知揭示他自己一样。"这种广泛传播的对拉斐尔的感情，和另一种同样广泛传播的和对古代艺术大师的感情结合在了一起。这和在大多数人的心目中，印成《圣经》的纸张和印刷术变得神圣不可侵犯，用它去堵塞风口等行为是一种冒犯行为一样，一幅按照《圣经》中的小事件绘制的图像，在大部分的人印象中，主题本身就是无可挑剔的。平常人无法将技巧及其所代表的事物分隔开；对一件事物的谴责，在他们思想上就等同于对另一件事物的不尊重。对古代艺术作品的评论在这两种感情的深刻影响下，总出现错误。进行周密考虑的能力，被围绕着他们的混乱的虔诚光环所影响，而处在被催眠的状态。

所以，当我看到库格勒对拉斐尔的《基督变容》这样评论"我们以极为谦卑的态度进行评论是非常合适的"，当我发现那些自封的评论家却拜倒在名声前时；之前我对于古代艺术大师的喝彩的怀疑，得到了证实。当库格勒将那些对"绘画中所包含的双重行为"表示异议的人称为"肤浅的评论家"时，我毫不犹豫地将我自己和他们归进了一类；我也毫不犹豫地对这样一种借口拒绝接受：面对这种不幸的过失，用所描绘的事件的环境"从历史方面来解释"。仿佛艺术作品中的一个根本缺点，能够从了解这个缺点包含在所表现的画面里抹掉！仿佛人们的眼睛会时而被吸引到冲突的兴趣中心的这一边，时而被吸引到那一边，可以用这种解释来避免。

当所批评的绘画没有在我们面前的时候，详细地批评不能理解；否则就可以对《基督变容》这幅画提出很多批评。由于同一个原因，对于米开朗琪罗的一幅作品，就是在西斯庭教堂的天顶画《创世纪》，只能给出一般性的评论，如果这些作品是最近这些年创作的，造物主的想法很少超越上帝和亚当的形象中创造的想法可能会让我们感到惊异；而且我们可能会说，让亚当的身旁出现夏娃的行为，与其说像一个神，还不如说更像一个魔术师。然而，我们会看到当代的新教徒路德在他的《桌前漫谈》里这样说："如果上帝更有远见，他可能非常快而且非常容易就富裕了，不要我们使用他的创造物"，还宣布了他的信念，"每年上帝仅仅为维持麻雀所花费的钱，就要比法国国王每年的收入多了"——当我们发现一位宗教改革家的思想都这样具有鲜明的人的特点时，我们就无法期望抱着没有改革的信念的米开朗琪罗具有和这鲜明的人的特点不一样的思想了。因此，将这一类批评抛开不谈，同时还要承认有人物和群像很多画得都非常精彩（尽管它们在他用超自然的肌肉的巨大来表示精神上的优越这一点上太明显了），让我讲一些和一般装饰品有关的问题。在这里，艺术上的缺陷和英国人会客室一般存在的缺陷属于一样的性质，为的是要实现两个互相排斥的目的——构成一个美好的整体，又包括一群美好的部分。

我们总会看到雅致的大会客室里挤满了好多的绘画或雕刻作品，包括小雕像、花瓶、古董等，除了将会客室变成了画廊或者古玩陈列室以外，没有任何别的了；会客室的通常印象，就这样消失在了众多小东西所产生的印象中。然而如果一个房间本身要想成为一种艺术品，那么它应该是这样的：绘画作品、小雕像和小的装饰品，数量上一定要比较少，这些东西的布置，一定要好像由很多个构成部分，其中没有任何一件十分突出、足以分散对整体的注意力。任何一处内部装饰，无论它是大的还是小的，是什么用途的，包括西斯庭教堂内部的装饰，的确都是这样的。如果将其视为艺术品的贮藏室，那么因为它在这些艺术品，或者至少大多数的艺术品的陈列上做得非常差，因此它是存在缺陷的。如果将它本身视为一件艺术品，那么，因为它可作装饰的部分的效果，和整体的效果形成了较明显的冲突，因此它算不上一件较好的艺术品。它作为整体的缺陷，和它的主要部分之一——《最后审判图》的壁画是一样；眼睛盯着这幅画漫游，无法将它的各个部分联合在一起。

如果对古代艺术大师绘画的赞扬有一些辨别力——假如只称赞这些画的某些优点，同时对它们的缺点也予以承认，我应该没什么异议。假如每一幅画都受到过或多或少的赞扬，认为对它那个时代来说，以那个还不成熟的思想和情操及未经过训练的认识为特点的精神文明来说，还算是比较好的，我应该会同意其中的不少作品都值得称赞。不过这种称赞是绝对的，不是相对的；它们最大的不合理的东西往往略过去，不加评论。比如列尼奎有的一幅壁画很受赞美：《太阳神和曙光女神》，这幅画的构图美是无可挑剔的。季节三女神的形象在绘制和结合上都十分的雅致，这一点也是毋庸置疑的。它的某些没那么引人注目的缺点，也是可以得到适当的原谅的。季节三女神的行动不能让她们和马车并驾齐驱，有些衣饰，因为缚在"和她们自己同样速度的风"吹拂的人物形象上无法表现，这些缺陷通常抛开不谈；因为，如果主体是超自然的，腾云驾雾之类的特征，就不是可以观察的事实的一致性能检验的。然而因为主体的超自然性，人物画中完全与自然背离是不可原谅的；因此，在光线和阴影方面的彻底完背离自然是不能原谅的。首先，马车前进中的乡村，并非照耀在马车暗淡的灯光之下，而已经是白昼了——这里的日光是解释不了的。然而第二个缺陷更加值得注意：所有的——马和马车，女神和她们的衣饰，甚至包括太阳神自己——都是被从外面照亮了：都被某个未知的光线来源（某个其他的太阳）照得能够看清楚！还有另一件应该注意的事，也很奇怪，飞行中的少年携带的火炬——这是构图中表明的唯一光线来源——根本就没有放射出光线。甚至火炬连背后的少年的面庞都没有照亮！而且，还不光是这些。最为荒唐的，是这个火炬的不发光的火焰自身，却被别处的光给照亮了！显然是由一个未知的发光体照出了火焰形式的光线和阴影，它照亮了所有的东西，照亮了整幅绘画！所以，我们有了如此多的荒唐。除了这些以外，它们还替换了在没有出现无缘无故地违反自然的情况下有可能产生的非常好的效果。如果太阳本身代表微弱地勾画轮廓的来源，从那里将马匹、女神、衣饰、云彩和暗淡可见的地面照亮，可能产生了多么壮丽的光线和阴影的结合：并非夺去，而是强化形式的美。

我曾听人这样说："你决不能对古代艺术大师这样批评，你一定要将他们的作品所表现的观念和情操，还有他们的作品所表现出来的巧妙的构图考虑进来，同时还要对这些技巧上的缺陷表示宽容。"要是篇幅允许的话，我这里可能要问一下，有多少情况，是存在这种所谓的优点的。不过，我没打算进行这种抗辩，我愿意局限于那些被归入技巧性的那些缺陷；我回答说，不应该宽容这些缺陷。有人这样向我证明，在读一首诗的时候，我所想到的，只应该是诗所包含的观念的优美，那些不通的语法，不完全的诗体，不和谐的措辞，刺耳的韵律，前后矛盾的隐喻，等等，都不要去管，我于是承认了，如果我打算买一幅画，这些事实我都可以不用管，而且还是正确的：光线来自好多个不同的方向，或者某个未知的地方。当我被说服去倾听一支乐曲时，我不应该在意那些不合调的音调、错误的拍子、刺耳的音色，还有缺乏区分度的轻奏乐段和强音乐段，只应该感受作曲者想要传达的感情，所以，我同意可以不去在意下面的这些事实是恰当的，也就是一幅画的阴暗部分被非常不自然地增强了，导致阴暗部分的阴暗程度处处都一样（这个缺陷不能找因为时间关系阴影变黑作为借口）。虽然我完全承认，或者说可以确定无误地断言，在绘画艺术里面，和如实地表现情感、行动和戏剧性的结合相比，如实地表现事物的物质方面的确是一个次要的因素；不过我还是坚决认为，首先一定要做到前者，才能适当地欣赏后者。首先有良好的表达思想感情的工具，才能让观众深切感受到所要传达的东西。对于一幅画来说，首要的要求是它决不应该冲击自然外观的感觉——我这里的意思是有素养的感觉。如果像古代艺术大师的不少作品那样，一群画像站在室外，通过室内的光线和在画像上的阴影来表现；如果观众粗略地观察自然，没有发现这种不协调的情况，并没有因此而让他不能注意构图或情操；这个事实对此也就是无关紧要的。判断的标准一定是那些擅长观察的人的标准——不擅长观察的人的标准不行。如果那些在自然观察一幅画时不辨真假的人的判断我们可以接受，那么我们无疑就可以名正言顺地进一步让我们的审美观念和村民的审美观念保持一致：他将一个颜色华丽但是俗气的鹦鹉模型放在壁炉台上，又在墙上贴上了穿着蓝衣服和黄马裤的回头浪子的彩色图片。

无疑会有很多人对此提出问题："那么专家怎么样？他们可以是最具备能力的鉴定者，又怎么会称赞这些在你看来不值得尊敬的同样一些作品？"

我的第一个回答是，如果了解真相，问题就不会提得那么犹豫；因为任何一位专家都不会像人们所想象的那样想。很多艺术家——尤其是那些害怕触怒官方的年轻艺术家——抑制住不将他们内心对传统名声的想法讲出来。因为我可以证明，在这些年轻的艺术家当中，有不少人并没有参加平常对过去画家的赞扬合唱，但是他们深知，如果发表他们那些违反公认标准的意见，就可能为自己树敌。不过如果当他们有充足的理由确信，他们所讲的话不会因为被当作左道邪说而给自己带来惩罚，他们发表的意见就和他们被假定主张的意见完全不一样了。

我第二个回答是：只要对艺术家公开表示称赞，而没有伴随采用被称赞的艺术家的实践，那就没有什么用处。据说模仿是最为真诚的捧场方式——或者说它应该不是最为真诚的捧场方式，而是最为真诚的赞美方式更精确一些；而且古代艺术大师有很多特点是特别好模仿的，如果艺术家对这些特点进行真正的赞美，就可以对他们进行模仿。

让我们再选择明、暗色调作为例子。在大部分的情况下，古代画家采用层次不同的黑色来描绘阴影：就像每一个少年初学绘图时那种缄默的设想。然而近代的画家并没有以此作为榜样。虽然现在的艺术家并没有为自己下这样的判断，只要是间接的和一般属于扩散的光线照射到而直接的光线不会照射到的地方，必然具有这种扩散的光线的正常的色彩（通常受到从附近某些特殊物体反射的特殊光线的限制），所以阴影可以根据具体情况的不同，而具有任何一种的色彩；不过他的和这个真理有关的经验性知识，让他有意地避免了他的前人通常犯的错误。我们再来举一个例子。在开始时，一种很自然的设想是透出光线的表面必然会变得更加阴暗，遵循这种设想，我们一般看到古代绘画的阴暗部分，那些远离中心的部分会较为微弱，而离边缘较远的部分会特别黑暗——这种对比一定原来就有，不能是年代久远导致的。不过现在只有初学者才会习惯这样做。那些受过训练的人会明白，一个阴影的内部一般并不会比它的外部更黑，在某些特殊的情况下，阴影的内部甚至还会比接近边缘的部分还明亮一些；而且他几乎没有发现过要求他用不透光的黑色描绘阴影的内部的情况。此外，在古代绘画中，通常有一种类似的错误，弯曲的表面，比如天体的边缘，显出离开一般光线，往往并不会显出它们的下陷表面的有限部分被背后物体的辐射照亮；在大部分的情况下，它们的确是这样的。不过在近代绘画作品中，这些反射的光线是画进去的，于是给予了真正的圆形的外表。

因此我说，就一些最为明显的特点来说，它们是非常好模仿的，但是我们这个时代的艺术家却非常的小心谨慎，避免像古代艺术家那样去做；既然事实如此，如果他有所颂扬，也没有什么用处。当我们一定要在从言词得来的证明和从行动得来的证明之间进行选择，我们也许宁愿选择从行动得来的证明。

第八章
论音乐

我现在想提一个问题，音乐的功能是什么？除了音乐产生
的即时的乐趣以外，它的作用还有哪些呢？类推的方法让人
联想，它还有其他的作用。一次丰盛晚餐的享受并不就此告
终，而是对身体的健康是有帮助的。虽然人们结婚的目的并不
是维持种族的绵延，但是促成种族维系的，正是迫使他结婚的
激情。父母的慈爱是一种感情，虽然这种感情由此产生了父母
的幸福，也保证了子女得到养育。人们喜欢累积财产，常常
并非想到了财产所产生的好处；然而就在追求获得物的乐趣
时，他们开辟了达到别的乐趣的道路。希望获得公众赞扬的愿
望，让我们做了不少我们本来不会去做的事情——从事一些十
分艰苦的劳动，面临巨大的危险，习惯了按照协调社会交往的
方法来控制我们自己：即我们在让我们认可的爱好得到的同
时，推动了各种不一样的、进一步的目的。通常来说，我们的
本性是这样的：在满足一个愿望时，我们以别的某种方式促进
别的愿望也获得满足。然而对音乐的爱好，好像是为了他自己
而存在的，对旋律与和声的爱好，对于个人或者社会的幸福来

说，并没有明显的帮助。但是，我们能否怀疑这个例外不过是表面上的？抛去音乐给予的直接乐趣，还有别的什么间接的好处呢？——这难道不是合理的钻研吗？

不过这种钻研会让我们远离我们的思路；我们不应该进行这种钻研，而应该稍微详细说明一下一般的进化规律。这种进化规律是，各门科学、各门艺术、各种职业，都具有共同的根源，不过因为不断的分叉，已经变得各不相同，目前处在分开发展的各个部分，并非真正的独立，而是互相起着作用和反作用，并且共同进步的。不管怎样，仅是暗示这些，许多类似的情况都可以证明我们是对的，我们进而表达这样的意见，就是在音乐和言语之间，有这样一种关系存在。

所有言语都是由两种成分合成的：言词和言词发出的语调——观念的符号和感情的符号。某些发音可以表达思想，某些有声响的音可以痛苦或快乐，由思想给予，程度上存在或多或少的差别。在非常扩大的意义上使用声音的抑扬这个词时，它包含了声音的所有修饰，我们可以说声音的抑扬就是情感对理智的命题的评注。口语的双重性，虽然没有获得正式的承认，而且每个人都知道，语调的重要性往往高于言词。日常经验可以提供很多个实例；同样是一句表示不赞成的话，按照伴随声音的不同变化，可以理解为非常不赞成或有一点不赞成；同时，我们还可以在日常经验里找到更为引人注目的例子，言词和语调直接是矛盾的——言词表示的是同意，而语调表示的是反对；我们通常是相信后者而不是前者。

语言的这两种不一样但又交织在一起的成分，同时发展。

我们知道，在文明发展的过程中，词汇得到了增加，又引进了新的词类，句型发展得越来越复杂；我们能够进行这样公正的推断，在同一时期内，新的变音、新的间歇得以使用，声音的抑扬越来越复杂。这是因为，一方面虽然假定和没有发展的不规范的词语形式并存在一个发展的变音系统，这种假设是非常荒谬的；不过另一方面，又必须假定，和为传播文明生活的越来越多和复杂的观念所需要的比较高级和比较众多的词语形式一道，发展了表达适合这种观念的感情的比较复杂的声音的变化。如果说理智的语言是一种生长的东西，那么感情的语言毫无疑问也同样是一种生长的东西。

我们前面所暗示的假设就是，音乐除了它带来的直接的乐趣以外，还具有的间接效果就是发展这种感情语言。正如我们试图表明的，音乐的根源，在于表达感情的语言的那些语调、间歇和抑扬之中——音乐通过语调、间歇和抑扬的结合和强化，最终将其自己体现出来——音乐始终对语言产生着作用，并持续增加它表达感情的力量。在宣叙调和歌曲中，表现的变音使用比普通的变音多，一定要从一开始就发展普通的变音。熟悉出现在声音里的、变化比较多的声调的结合，绝对会让我们表达我们印象和愿望的声调的结合产生更大的变化。可以合乎情理地假定，作曲家用来表达复杂感情的复杂音乐短句，已经对我们会话中复杂的抑扬顿挫产生了影响，我们通过会话的抑扬顿挫，来表达我们那些较为微妙的思想和情感。

几乎没有人会荒唐到主张音乐的修养不会对心智产生影

响。如果说音乐的修养可以对心智产生作用，还有什么能比发展我们对声音的转调、品质和抑扬的意义的理解，并让我们使用它们的能力相应提高更加自然的影响呢？正如数学，从对物理学和天文学的现象进行研究开始，不久发展成为一门独立的科学，后来又反作用于物理学和天文学，让它们获得了巨大的进展；正如化学，最初产生于冶金术的工序和工艺，逐渐发展为一门独立的研究，目前已经成为所有生产的助手；正如生理学，产生于医学，也一度从属于医学，不过后来独立开展研究，现在渐渐成为医学的进步所依靠的科学；同样，音乐的根源是感情语言，逐渐地从感情语言中获得发展，又不断地反作用于感情语言，进一步促进感情语言的发展。

我们并不能期望可以支持这个结论的直接证据有很多。这种事实很难测量，同时，我们也没有相关的记录。不过我们可以指明一些示意性的特点。比如近代音乐发展最早的意大利人，他们在旋律方面（我们的论点主要是和音乐的旋律有关的这部分）的练习非常多，并且擅长旋律——我们难道不能说，这些意大利人讲话的时候，比任何别的民族用的不一样的、富于表情的、曲折变化的抑扬顿挫更多？另一方面，我们难道不能说，苏格兰人往往局限于他们的民族曲调，这些曲调具有明显的相似性，仿佛都是亲属，所以他们只习惯于有限的音乐表达方式，他们语言中的间歇和抑扬特别单调？

再者，在同一民族的不同阶级里，我们不是发现了具有同一类含义的差别吗？在语调的多样化方面，绅士和乡下佬形成了极为鲜明的对比。先听一位保姆谈话，再听一位文雅而才艺出众的贵妇人谈话，后者的谈话里所采用的比较雅致和复杂的声音的变化，将会非常惹人注目。目前，在上流社会和下属社会所遭受的一切文化方面的差别里，并没有到可以将语言的差别单独归因于音乐文化差别的地步，不过我们能够公正地说，在语言差别和音乐文化的差别之间，似乎比任何别的方面之间所具有的因果关系都要明显。所以，虽然我们可能求助的归纳的证据仅仅是含糊的、不充足的，然而一切证据都对我们的观点表示支持。

可能有很多人会这样想，这里指定给音乐的功能并不重要。然而，进一步的思考也许让他们得出正相反的信念。从音乐对人类幸福的关系的角度来说，我们确定，音乐文化所发展和精练的感情的语言，其重要性仅比理智的语言低，也可能甚至和理智的语言一样重要。因为感情所产生的声音的改变，乃是激发其他人同类感情的重要手段。它们和面部表情还有手势联合起来，赋予了理智用来表达其观念的呆板的词语生命，从而让听者不仅了解了它们伴随的心理状态，而且也参与到了那种心理状态当中。总而言之，它们是同情心的主要媒介。如果我们考虑一下我们全体的幸福和即时的乐趣对同情心是多么的依赖，无论什么东西，只要能够增强这种同情心，我们都会承认它的重要性。如果我们将这些牢牢记住：人们是因为他们的同情心，而让他们彼此举止公正、友爱和体谅；野蛮人的残忍和文明人的人道之间的区别，是增加了同情心的结果；这种让我们可以将欢乐和忧患共享的能力，是所有高尚的感情的基础；同情心，乃是友谊、爱情和所有的家庭乐趣的主要成分；

我们多少直接的满足被同情心所强化；在戏院、音乐会或者展览馆，如果没有人和我们分享，我们将会怎样失去至少一半的乐趣；总而言之，如果我们牢牢记住，我们一切超出没有朋友的隐士所能有的幸福，都是这同样的同情心的结果，我们就会发现，我们绝不会将传递同情心的各种媒介的价值估计过高。

文明的趋势越来越抑制我们性格里的那些对抗的成分，发展社会的成分——对我们纯粹的自私自利的愿望进行控制，让我们不谋私利的愿望得到锻炼——用别人的幸福所产生的满足，或者包含别人的幸福的满足取代个人的幸福。我们本性里同情的方面通过对社会情况的适应而得到展开时，会同时渐渐地形成一种同情交往的语言——有了这种语言，我们将自己感觉到的幸福传递给了别人，与此同时，也让我们自己成为他们幸福的分享者。

我们已经充分地感觉到看这种双重过程的效果，至于这个过程必须继续进行到什么样的程度，我们现在还没有合适的想法。我们感情的惯常的隐蔽，会随着我们的感情变得无需隐蔽的程度而越来越少，同时隐蔽的减少也是必须的，我们能够就此断定，感情的流露将变得远比我们目前敢于让它流露生动；这就意味着另一种感情语言，更富于表情的。同时，到目前为止，那种更高尚、更复杂的、只被少数有教养的人所体验的那种感情，将会变得更为普遍，而且将有感情语言的相应的发展为更加复杂的形式。正如有着曾经静悄悄地逐步形成的一种观念的语言，虽然这种语言一开始是比较粗糙的，不过，现在它让我们可以将最为精微和复杂的思想精确地传达出来；因此，还有着静悄悄地正在逐步形成中的一种感情的语言，即便这种语言现在还算不上完美，不过我们可以期待它最终将让人们可以将自己时时刻刻所体验到的感情，生动完美地传递给彼此。

所以，如果像我们努力表明的那样，促进这种感情语言的发展，就是音乐的功能所在，那么我们能够将音乐视为达到它所模糊地预示的较高的幸福的一个助手。音乐所激起的对没有体验过的幸福的那些模糊的感情，音乐所召唤的不了解的理想生活的那些含糊的印象，能够视为一个预言，音乐本身部分地有助于这个预言的实现。可以将我们具有的那么被旋律与和声所感动的奇妙的能力视为包含两层意思，即实现它们朦胧地暗示的那些比较强烈的快乐，是在我们的本性可能范围以内的事，同时在某种程度上，它们也和那些快乐的关系存在关联。按照这种假定，就可以理解音乐的力量和意义了，否则它们就是一个谜题。

我们不过是想进一步地说，如果对这些推论的可能性予以承认，那么一定就要将音乐作为最高级的美术——和与任何其他美术相比，音乐对人类的幸福是最有帮助的。所以，即使看到音乐每时每刻所产生的即时的喜悦，不管我们如何欢呼正在成为我们时代的特征之一的音乐文化的进步，都不会是过分的。

第九章

论文化

从最广泛的意义来说，文化就是完美生活的预备。首先它包括，有效的自我保持和家庭保持所必不可少的，或者对自我保持和家庭保持有帮助的所有训练和所有知识。其次，它包括一般官能的发展，让各种官能可以适应利用自然和人类给易起反应的心智提供各种各样的乐趣的资源。

文化的这两部分的第一部分，不只在伦理上具有约束力；在伦理学上，它就是命令。适合获得生活事务的能力，先是对自己的责任，然后是对别人的责任。如果我们在适合这个标题下包括——我们一定要包括——一定从事体力劳动的人所需要的技能和所有较为高级的技能，那就变得非常明显（那些勉强得以维持生活的人不计在内），如果没有这种适合性，就无法进行健康的物质生活，并且对子女的教育也无法进行。此外，如果忽视了获得适当地维持自己和子女的能力，就一定要劳累其他的人提供帮助，或者，如果他们拒绝提供帮助，那就一定让他们遭受沉思苦难而导致的痛苦。

至于说文化的第二个部分，不应该提出命令式的义务。那些持有禁欲主义人生观的人，没有理由赞成旨在增加这种或那种文雅的乐趣的官能的训练；我们在贵格会教徒里发现实际上的确会产生漠视。往往是拒绝某种训练的一部分。只有那些在心态上接受了享乐主义的人，可以为填补休闲时间的这种或那种满足做好准备，始终提倡这种理智和感情的训练。他们只能把这种训练视为他实现完美生活所必不可少的，因此具有伦理上的约束力。

让我们从这些一般的文化观念，本质的和非本质的，进一步再分析文化的几个部分。

有一个文化的部分经常被忽视，那些从这部分文化里得以维持生活的人，和并不是从这部分文化获得物质利益的人，应该同样对这部分文化进行了解。这部分文化可能排在第一位是比较恰当的。我指的是用手操作的灵巧。

在那些工作于生产性行业的人里，用手操作的灵巧是对生活的恰当准备，这一点不存在什么争议；虽然在现在，甚至对需要用手灵巧的男孩，都几乎不鼓励他们去获得用手操作的技能：能够得到培训的，只有各种体育运动的技能。不过那些想获得比较高级的职业的人，也应该学习用手操作的技能和知觉的敏锐性。如果四肢笨拙，或者无法灵巧地使用手指，那么就会不断有小的祸患，偶尔还会有大的灾难；而相反，熟练总能够帮助自己，或者让别人幸福。一个在感官和肌肉的使用方面有过很好的练习的人，和那些没有练习经历的人相比，遇到意外事故的概率会小得多；而且，即使发生了事故，在纠正危害方面，也一定更为高效。假如没有忽视这个明显的真理，那么将下面这一点指出来也许是荒谬的：既然四肢和感官的存在，是为了调节对周围事物和运动的活动，那么完成这种活动中获得技能，就是任何一个人的职责。

不要觉得我现在是在提倡向这个方面扩充正规的文化，正好相反，将整个教育分成一堂一堂的功课，是这个时代的一件坏事。同普通的熟练技能培养一样，用手操作技能的培养应该在达到别的目的的过程中获得。在任何一种合理进行的教育中，都一定有无数的可以练习手艺人和实验者不断地发动的官能的机会。

理智修养的第一个方面和之前描述的文化有关；像四肢和感官的训练，就是让它们适合直接处理周围事物那样，不同程度的智力，则是指导越来越复杂的间接处理的力量。理智的比较高级的成就目前变得离实际生活那么远，以致通常都忘记了它们和实际生活的关系。然而如果我们记得，用棒子将一块石头抬起，或者用桨推动一条船前进，我们是有使用杠杆的例子；发射削尖的箭头然后利用它的降落，正是对某些动力学原理不言而喻的承认；从这些对进化的早期的模糊认识，能够一步步地追踪到数学家和天文学家的概括；我们看见，在未开化的人的粗浅的知识中，科学正在逐步地形成。如果我们没有忘记，就像未开化的这种粗浅的知识在他维持生活的活动方面发挥了简单的指导作用一样，发展中的数学和天文学知识，则在指导工厂和公司办公室的活动还有船舶掌舵方面发挥着指导的作用，而发展的物理学和化学则对所有的生产过程进行着指挥；我们看到，在一个极端像在另一个极端一样，促进人们有效地处理周围世界的能力发展，好能满足他们的欲望，是理智修养的最主要的目的。

甚至我们辨认为属于实际的那些目的，如让我们熟悉事物性质的理智的修养，也应该比一般认为需要的广度更加广泛。为某种事情做准备太特殊了。拥有适当的某一类自然知识，而没别的类的知识是不可能的。每一个物体和每一个行动，都是同时在呈现许多不一样种类的现象——数学的、物理学的、化学的——在很多的情况下，还有别的重要的现象；这些现象交织在一起，对其中任何一组现象有了充分的理解，就对其余许多现象有了部分的理解。虽然乍看起来，这样提出认为必需的智育的广度可能无法行得通，其实并不是这样的。如果教育可以正确地进行，则每一门科学的基本真理都能够清晰地传递给学生，让他们牢牢地掌握，同时他们还掌握了很多一般与这些科学一起讲授的知识。在他们熟悉几门科学的基本的真理，并理解了它们的主要含义后，就有可能对任意一批现象形成比较理性的概念，并且同时为一种特殊的职业有了充分的准备。

理智的修养当中，构成各门科学的知识的那一部分，对自我维持和维持别人有帮助的，具有间接的伦理上的约束力，与此同时，还具有直接的维护道德的约束力。有生命的和没有生命的世界，再加上周围的宇宙万能，对一个保姆、农家孩子、杂货商，不！甚至对一位普通的古典语学者或文人，没有对那些对到处都在进行着的无穷小和无穷大的活动已经获得某种概念，并且可以从技术以外的方面来对这些活动进行考虑的人呈现那么宏伟的全景。

如果我们设想这一个场景，一道微光照进一间装饰十分豪华的厅堂，灯光靠近墙的某个部分，我们只能看到墙的一小块样子，而其余的部分还都处在黑暗当中；如果不是一道微光，而是我们将电灯打开，则整个房间和室内的各种各样东西都同时出现在我们的面前；这样，对完全没有教养的人和有高度教养的人所设想的自然的不一样面貌，我们就有一些概念了。任何人只要是能适当地懂得这种巨大的对比，都会看到，只要正确地吸收了科学，就可以让精神生活奋发昂扬。

还有一个结果一定要了解。对一切各类现象的研究，在对这些现象获得适当的一般概念时，有的时候在这个方向，有的时候在那个方向，通向没有一种探测可以超越的限度，对于认识我们和事物的最终奥秘，这种研究是必要的；对唤醒我们可以恰当地看作和伦理意识关系密切的意识来说，也是必不可少的。

科学知识的所有词义，是包含社会科学的知识的；科学知识还包括了一定的历史知识。这种知识是政治指导所需要的，所有的公民都应该努力掌握。虽然我们从中汲取真正的社会学概括的事实，其中大部分事实，只在我们学校课程所忽略的未开化的和半开化的社会才会存在，同时也需要发达国家的历史所提供的一些事实。

然而，除了主要需要注意的历史中非个人的因素以外，还可以恰当地注意一下个人的因素。各个时代没有受教育经历的人所默默地主张的，还有近代加莱尔明确阐明的历史中的伟大人物理论，主要观点是历史的知识，是由统治者还有他们活动的知识所构成的；因为这个理论，有不少人愿意讲死人的闲话，但是并没有比爱讲活人的闲话更受人尊敬。然而即便没有和帝王和教皇、大臣和将军有关的资料，即便再将和阴谋、条约、战役有关的、详尽无遗的了解补充进去，也不会对社会进化的规律有一点点的认识；尽管在一切进步的国家，分工已经进行，尽管不顾立法者的意志，甚至可能是没有受到立法者的注意，这一事实依然足以表明，形成各个社会的许多力量会撇开并且往往是不顾头面人物的目的，而制订出它们的结果；然而，可以恰当地期待适度数量的头面人物和他们的行动。每个人都应对人类进步的以往各阶段有所了解，如果将各种人物的思想以及和他们有关的事件完全抛弃，那么就会让对这些阶段的设想阴暗不清。此外，要适当地扩大和一般人性有关的概念——表明人生所能达到的极限，偶尔是好的，大部分是坏的，有一些这方面的知识是必不可少的。

和上面的这种修养一起，自然还会有纯粹的文化修养。相当分量的文学修养应该包括在完美生活的预备里，这是自不必说的。需要说的不只是在适当协调的教育中，还有在成人的生活中，指定给文学的地位应该比它现在所占的地位少。几乎任何一个人都倾向于安逸的脑力工作；或者用很少的努力就可以产生舒适的刺激的脑力工作；在这方面，对大多数人来说，历史、传记、小说和诗歌的吸引力要比科学大——和适用于起指导作用的一般事物的知识相比，吸引力更大。

这时，我们绝对不可以忘记，如果站在享乐主义者的观点来看，将这种直接获得的快乐考虑进去，文学修养能够提出高的要求；我们还应当承认，从提供隐喻和所引喻的材料有助于表达的丰富和力量来看，文学修养对精神力量和社会效益的增加有帮助。缺乏文学修养，会让谈话变得单调。

像在别的事物中一样，在文化方面，人们倾向于一个极端或者另一个极端。或者像绝大部分的人，根本不追求文化，或者像极少部分的人，几乎独占文化，而且往往产生了灾难性的结果。

埃默森说起过绅士，首先必须是应该是优良的动物，这是任何一个人的第一个必需。在生活过程中牺牲动物，即使在特殊的情况下，这也许是能够进行辩护的，不过作为一般政策就不能辩护了。在我们的实证知识的范围内，无法找到一个我们看得见精神而没有生活的地方；也无法找到一个我们看得见生活而没有身体的地方，无法找到一个我们看得见完美的生活——这种生活无论是强度、广度还是长度都很高——而没有健康的身体的地方，每一次破坏身体健康的规矩，都会导致对身体的伤害，最终在某种程度上危害到了心理的健康，虽然往往是以无形的方式。

因此，训练一定在别的需要的条件下进行。它的分量一定要和身体健康一致，并且对身体健康有益；它还一定要不仅和所练习的心理能力的正常活动保持一致，还要和别的所有能力的正常活动保持一致，并且不仅所练习的心理能力的正常活动有帮助，而且还要对别的所有能力的正常活动有帮助。当训练进行到减少生气的程度，并且导致了对各种自然的享受毫不在乎时，这就是一种滥用；当训练推行得对一些科目的注意过分紧张，以致像总发生那样引起厌恶时，那就更是滥用了。

尤其是对于妇女，一定要谴责过度训练，因为过度训练会导致极大的伤害。有人和我们说，哥登学院和纽纳姆学院现在进行的高等教育，并不符合保持健康的要求；如果我们不把那些被迫停止的人算进来，这好像是真实的。我是经过了一番考虑，才说"好像是真实的"。

所谓的健康，有各种不一样的程度。通常如果没有明显的身体失调的话，就可以称为健康，并获得承认；然而这样的健康，距离显得情绪高涨和精力充沛的高度健康，还有很远。尤其是妇女，她们好像是健康的，然而并不符合种族的要求。因为在体质上，妇女比男子需要更多的剩余活力，用在了物种的绵延上。如果身体的负担过重，在留出进行个人生活的那部分活力明显被侵占之前，这一部分的活力就会相对地减少。活动的代价，尤其是大脑活动的代价特别高，这种代价是一定要支付的；如果支付过多，就不能偿付而不减少应该用于维系种族的储备力量。生殖的能力在某种程度上被减少了——有时会减少到无法生育的地步，更常见的是无法产乳的程度，在很多情况下程度比较轻，我就不专门举出来了。我有充分的证据可以说，训练过度的一个较长远的后果，就是让家庭关系疏远了，这个是很常见的。

让我再说，如果我们的课程是比较合理的，男子和妇女同样可以获得适当高的文化，而没有受到什么伤害。如果将目前被认为是良好的教育所包含的没什么价值的知识略去，一切为指导所需要的知识，其中大多数作为一般的启蒙，还是可取的，还有不少被认为是作为装饰的，这些知识可以学会，而没有什么有害的反应。

除了对文化的利己主义动机外，还需要再加上利他主义的动机。一个没有什么知识的人，完全没有官能的训练所给予的理智生活，是完全令人厌烦的。成为一个可以产生乐趣的人，这是一种社会的义务。所以，文化，尤其是对让人快活有帮助的文化，具有伦理的约束力以及一些更多的东西。

这一点对审美文化来说尤为正确，到目前为止我还没有讲过这个问题。虽然应该责成审美文化为最完美的生活和幸福所要求的自我的最高度发展提供帮助，也应该责成它增进满足附近人们的能力。虽然造型艺术、音乐和诗歌的实践，一般主要鼓励它们引起不具备审美方面修养的人所不具备的对乐趣的敏感性，然而，对于那些天赋稍稍高于平均能力的人，应该出于仁慈的动机，对他们乐趣敏感性的发展进行引导。音乐在最高的程度上就是这样；协奏曲个人的成分是次要的，应该超过别的所有艺术，根据利他主义的理由进行培养。不过有一点应该指出，和理智训练过多一样，审美文化过多也应该受到批评；在审美文化方面，并非因为负担过重，而是因为花费的时间过多——在生活中占用了过高的地位。对大部分人来说，尤其是妇女，对一种形式的美或别的形式的美的追求是主要的追求。为了美的成就，得牺牲许多更加重要的目标。虽然审美文化应该承认在伦理上是许可的，然而不应该强调对审美文化的要求，而有更大的理由批评审美文化过多。